George Soros

Die Analyse der Finanzkrise ...

... und was sie bedeutet – weltweit.

George Soros

Die Analyse der Finanzkrise ...

... und was sie bedeutet–weltweit.

FinanzBuch Verlag

Bibliografische Information der Deutschen Nationalbibliothek
Die Deutsche Nationalbibliothek verzeichnet diese Publikation in der Deutschen
Nationalbibliografie.
Detaillierte bibliografische Daten sind im Internet über **http://d-nb.de** abrufbar.

Übersetzung: Heike Schlatterer
Lektorat/Korrektorat: Moritz Malsch, Buch Concept
Satz/Layout: Jürgen Echter, Landsberg am Lech
Druck: Konrad Triltsch, Ochsenfurt

George Soros · Die Analyse der Finanzkrise ... und was sie bedeutet – weltweit.
2., unveränderte Auflage 2009
© 2009 FinanzBuch Verlag GmbH
Nymphenburger Straße 86
80636 München
Tel.: 0 89/65 12 85-0
Fax: 0 89/65 20 96
info@finanzbuchverlag.de

Für Fragen und Anregungen:
soros@finanzbuchverlag.de

ISBN 978-3-89879-500-5

⌐ *Weitere Infos zum Thema* ─────────────

www.finanzbuchverlag.de
Gerne übersenden wir Ihnen unser aktuelles Verlagsprogramm.

Inhalt

Vorwort: Meisterspekulant mit Mission

von Daniel Eckert und Holger Zschäpitz

Die Welt kennt keinen gnadenloseren Richter als die Finanzmärkte. Wer sich an der Börse mit Theorien oder Prognosen vorwagt, kann aufs Heftigste widerlegt werden. Aktienindizes, Rohstoffpreise oder Währungsnotierungen sprechen ein für jedermann unverkennbares Urteil. Der Analyst, der das System kritisiert und den Absturz vorhersagt, steht schnell als Düpierter da, wenn die Märkte weiter haussieren. Umgekehrt gilt der als weise, der mutig gegen den vorherrschenden Trend gesprochen hat und von der Kursentwicklung bestätigt wird.

George Soros, bewunderter Meisterspekulant, unbequemer Philanthrop und umstrittener Börsenphilosoph, kennt beides. Er weiß, wie es ist, sich jahrelang als einsamer Rufer in der Wüste zu fühlen, und auch das schier göttliche Hochgefühl ist ihm vertraut, am Ende doch Bestätigung zu finden.

Heute ist Soros der Mann der Stunde. In der größten Anfechtung des Prinzips der freien Märkte sowie des kreditfinanzierten Wachstums kann er sich als Mahner bestätigt fühlen. Er, der an ebendiesen deregulierten Börsen ein Vermögen gemacht hat, warnte bereits in seinem ersten, 1987 erschienenen Werk *Die Alchemie der Finanzen* vor einem ungezügelten, keiner Kontrolle unterliegenden Handel mit Währungen, Aktien, Anleihen und anderen Wertpapieren. Da eben

Menschen sich der Freiheit ungehemmt bedienen und bei ihrem Tun grundlegenden Fehleinschätzungen unterliegen, sind die Märkte anders, als der Mainstream der Wirtschaftswissenschaft unterstellt, kein passives Abbild der Wirklichkeit. Vielmehr bilden sie häufig eine eigene, hochdynamische Realität, die auf die Welt zurückwirkt. So schlägt die viel beschworene Psychologie der Börse auf die Realwirtschaft durch, Soros nennt das Reflexivität. Diese Rückkopplungsprozesse können zu sich selbst verstärkenden Ungleichgewichten führen, die über kurz oder lang im Chaos enden. Genau so kam es zu der gegenwärtigen Finanzkrise.

Soros will einen dritten Weg zwischen sozialistischer Entmündigung und ungehemmtem »Marktfundamentalismus« gehen. Seine Vision ist eine Welt, in der massive Verwerfungen ausgeschaltet sind, in der Staaten (vor allem Industrienationen und Schwellenländer) kooperieren, statt skrupellos miteinander zu konkurrieren, und in der Märkte zu ihrer ursprünglichen Funktion zurückfinden, Kapital effizient zu allozieren, anstatt zur Spekulation aufzureizen. Diese Soros-Welt ist eine Welt, die weitaus weniger Volatilität kennt, und sie ist paradoxerweise eine Welt, in der Figuren wie er, der Hedge-Fonds-König, nie hätten so mächtig werden können.

Wenn viele George Soros als Mann der Gegensätze erfahren, so liegen sie damit richtig, und ihnen würde er selbst nicht einmal widersprechen. Diese innere Zerrissenheit kennzeichnet Soros als Kind des 20. Jahrhunderts mit all seinen Brüchen.

Der 1930 in der ungarischen Hauptstadt Budapest geborene Abkömmling einer jüdischen Familie überlebte die

Nazi-Besetzung durch ein trickreiches Versteckspiel seines Vaters, des Lebemanns, Anwalts und Schriftstellers Tivadar Soros, der ein überzeugter Anhänger der Kunstsprache Esperanto war. Den Namen Soros (was auf Esperanto »wird steigen« heißt) gab sich die Familie erst 1936 in Reaktion auf den zunehmenden Antisemitismus in Ungarn, ursprünglich hieß sie Schwartz. Nach dem Krieg floh Soros als 16-Jähriger vor den neuen kommunistischen Herrschern nach Großbritannien, wo er sich nach einer Zeit als Landarbeiter an der renommierten London School of Economics and Political Science (LSE) einschrieb. Sein Studium finanzierte er sich als Verkäufer von Handtaschen und als Nachtschaffner, was seine teils mäßigen Noten erklären mag. Prägend auf ihn wirkte sein Lehrer Karl Popper, der Philosoph der »offenen Gesellschaft«. Soros übernahm von dem eine Generation älteren Popper nicht nur die Abneigung gegen totalitäre Regime und Ideologien, sondern auch die Mission, an einer Gesellschaft mitzuwirken, die möglichst vielen Menschen Teilhabe bietet. Nach dem Studium bewies der junge Mann den richtigen Riecher und etablierte sich als Aktien-Analyst in der Finanzbranche, rechtzeitig bevor die Investmentindustrie zu ihrem großen Aufschwung ansetzte.

Ende der 1960er-Jahre gehörte er – mittlerweile ins Bankenzentrum New York umgezogen und US-Staatsbürger geworden – zu den Pionieren der Hedge-Fonds-Branche. Damals waren diese innovativen Investmentgesellschaften, die alle Möglichkeiten der Finanzmärkte ausnutzen, um Rendite zu erwirtschaften, noch nahezu unbekannt. Dabei entwickelte Soros eine besondere Versiertheit als Shortseller, der mittels Termingeschäften auf fallende Kurse spekuliert. Mit seinem Quantum Fonds (benannt nach der Unschärferelation Werner Heisenbergs) schuf er zusammen mit seinem Partner Jim Rogers ab 1970 eine Geldmaschine – für sich und seine Anleger. Aus anfänglich investierten 10.000 Dollar wurden innerhalb von 24 Jahren 21 Millionen Dollar, das entspricht einer jährlichen Rendite von 37 Prozent. Mit amerikanischen Aktien des breiten S&P-500-Index hätte der Vermögenszuwachs lediglich 6,3 Prozent betragen.

Materieller Erfolg reichte Soros nicht aus. Ab den 1980er-Jahren begann er immer größere Summen seines Geldes in von ihm gegründete politische Stiftungen zu stecken, die dazu beitragen sollten, bislang geschlossene Gesellschaften in offene zu verwandeln, allen voran im sowjetischen Machtbereich Osteuropas. Gleichzeitig brachte er seine Gedanken in Buchform – er ist Autor von elf Werken – und in zahlreichen Interviews unter die Leute. Wenngleich ihn das englische Magazin *Economist* dafür einst der Geschwätzigkeit zieh, folgt dieser Mitteilungsdrang Soros' philosophischem Leitmotiv der offenen Gesellschaft, die freien Zugang zu Information als Grundlage sozialer Partizipation voraussetzt. Auch äußerte er sich wiederholt zu umstrittenen politischen Fragen von der Sterbehilfe bis zur Legalisierung von Drogen. Er ging sogar so weit, sich aktiv in den US-Präsidentschaftswahlkampf 2004 einzumischen. Öffentlichkeitswirksam setzte er 27 Millionen Dollar ein, um die Abwahl seines Intimfeindes George W. Bush herbeizuführen – bekanntlich erfolglos.

Nicht nur bei anderen Protagonisten der verschwiegenen Hedge-Fonds-Kaste, sondern bei großen Teilen der Wall

Street löste er mit diesen Aktivitäten bisweilen Kopfschütteln aus. Der durchschnittliche Hedge-Fonds-Lenker begnügt sich damit, nach dem Prinzip »20/2« (20 Prozent Erfolgsvergütung und zwei Prozent Verwaltungsgebühr) Jahr für Jahr Millionen zu scheffeln, mit denen er einen aufwändigen Lebensstil pflegt, sich ansonsten aber bedeckt zu halten.

Weltweite Bekanntheit als Superinvestor erlangte Soros, als er im Herbst 1992 die Bank of England mit einer kühnen Volte gegen das britische Pfund in die Knie zwang. An jenem als schwarzer Mittwoch in die Geschichte eingegangenen 16. September 1992 verdiente er auf einen Schlag eine Milliarde Dollar. Durch das schiere Gewicht seiner Position zwang er die Geldhüter der 250 Jahre alten Institution, das Pfund aus dem europäischen Wechselkursmechanismus herauszulösen und drastisch abzuwerten. Lange hatte sich die alte Lady von Threadneedle Street im Verbund mit der britischen Regierung gegen die spekulative Attacke gewehrt, um am Ende doch kapitulieren zu müssen. Soros setzte sich mit der Mega-Spekulation unverfroren über das ungeschriebene Gesetz hinweg, niemals gegen eine Notenbank zu wetten – und gewann. Seither ist er als Investor Legende. Er ist der personifizierte Hedge-Fonds-Manager, und immer, wenn auf dem Globus Devisenkurse verrückt spielen, gerät Soros in Verdacht, die Hände im Spiel zu haben. So warf ihm 1998, auf dem Höhepunkt der Asienkrise, der malaysische Premierminister Mahathir bin Mohamad vor, »gemeingefährlich« zu sein und mit seinen Aktivitäten die Stabilität ganzer Volkswirtschaften aufs Spiel zu setzen.

So sehr Soros als »der Mann, der die Bank of England knackte« verehrt und gefürchtet wird: Als Denker ist er ein

Außenseiter und wird er von den Systemökonomen geschnitten. Vor allem seine Diagnose einer Superblase wurde beharrlich abgetan. Schon Ende der 1980er-Jahre warnte er vor einer ausufernden Schuldenwirtschaft. Die sich beschleunigende Kreditexpansion, so seine Diagnose, werde über kurz oder lang in einem Katzenjammer enden. Doch der beschriene Kollaps ließ auf sich warten, und Soros fand sich in der Rolle der blamierten Kassandra wieder. Der Fall des Eisernen Vorhangs und der Beitritt der anderen Hälfte der Menschheit zur Marktwirtschaft perpetuierten eben jene ökonomischen Strukturen, vor deren Zusammenbruch Soros gewarnt hatte. Ironischerweise hatte er selbst mit seinen Stiftungen und Spenden in Osteuropa zu eben jener weltpolitischen Wende beigetragen, die seine Prognosen Lügen zu strafen schien.

Wenngleich sich Soros zwischenzeitlich immer wieder aus dem aktiven Geschäft zurückzog, schaffte er es, an wichtigen Wendepunkten die Geschicke beim Quantum Fund wieder an sich zu reißen. Soros' langjähriger Freund Byron Wien, selbst ausgewiesener Börsenkenner, brachte es einmal auf den Punkt: Auf die Frage des Hedge-Fonds-Managers, warum er jeden Tag zur Arbeit erschiene, und nicht nur an den entscheidenden, an denen etwas Wichtiges passiert, antwortete Wien: »Weil ich, anders als du, nicht weiß, welches die wichtigen Tage sind.« Soros' jüngste Rückkehr in den Ring, die zeitlich mit den Vorwehen der jetzigen Finanzkrise zusammenfällt, klingt wie eine gelebte Bestätigung dieser netten Anekdote. Im Börsen-Katastrophenjahr 2008, das gleich drei der fünf großen amerikanischen Investmentbanken zu Fall brachte und etliche Anlagefirmen mit ihnen, erwirtschafte-

12

te der Finanzier mit seinem Quantum Fund einen hohen einstelligen Ertrag und sicherte sich selbst ein Einkommen von 1,1 Milliarden Dollar.

Wie treffsicher Soros' Prognosen auch in Ausnahmesituationen sind, zeigte sich im Sommer 2008. Damals sagte er, mit anderen Hedge-Fonds-Größen vor den Handelsausschuss des US-Senats geladen, das Platzen der Spekulationsblase am Ölmarkt voraus. Zu der Zeit notierte das Barrel mit rund 150 Dollar auf einem historischen Hoch. Nicht wenige Research-Häuser prophezeiten einen Preis von 200 Dollar und mehr. Es sollte anders kommen: Binnen eines halben Jahres brachen die Notierungen auf etwas über 30 Dollar ein – und Soros hatte einmal mehr ins Schwarze getroffen. Auch den Niedergang des Dollar kündigte er an, lange bevor Peking und Moskau – zwei der größten Anleihen-Gläubiger der USA – die Position des Greenback als globaler Leitwährung zu hinterfragen begannen. Zuvor hatte er bereits das Abgleiten der US-Wirtschaft in die Rezession diagnostiziert, wohingegen die meisten Ökonomen allenfalls von einer leichten konjunkturellen Abkühlung ausgingen.

Auch jetzt vertritt Soros eine Minderheitsposition, was die Konjunkturaussichten anbelangt. Die meisten Forschungsinstitute bemühen einen Buchstaben des Alphabets, um ihre Szenarien zu veranschaulichen und reden von U-, V-, W- oder L-Entwicklung, wobei »U« für ein langes Tal der Tränen steht, »V« für eine rasche Erholung nach dem Einbruch, »W« für einen neuen Rückschlag vor dem endgültigen Aufschwung und »L« für eine Depression wie in den 1930er-Jahren. Anders Soros: In ironischer Bezugnahme auf die Buchstaben-Spielereien der Ökonomen verschmilzt er das »V« mit dem »L« zu einer Art umgedrehtem Wurzelzeichen: Die kombinierten Impulsprogramme werden zwar zu einer baldigen Gegenbewegung führen, doch dann dürften die strukturellen Ungleichgewichte der Rückkehr zu alten Wachstumsraten Grenzen setzen. Insbesondere der US-Konsument wird nicht mehr seine frühere Funktion als Zugpferd der Weltwirtschaft aufnehmen können. Erst muss er sich von seinen allzu drückend gewordenen Schuldenlasten befreien, was jedoch ein langwieriger, schmerzhafter Prozess ist.

Selbst wenn in Zukunft eher Stagnation als Boom zu erwarten ist, sieht Soros dennoch die Inflation wiederkehren: Die Staaten des Globus hätten gar keine andere Wahl, wollten sie einer Depression entgehen, stellt er trocken fest. Kaum jemand artikuliert so deutlich, dass auf die Weltwirtschaft eine Phase der Stagflation zukommen könnte, also ein Miteinander schwachen Wachstums und hoher Teuerung. Während die Politiker von Tokio bis Washington noch beschwichtigen, redet der Praktiker Klartext und benennt dies als quasi unausweichliche Konsequenz der milliardenschweren Liquiditätsspritzen und Rettungsprogramme. Jeder Einzelne ist betroffen, wenn die Papierwährungen der Welt an Kaufkraft verlieren.

Doch die Inflation ist für den Investor das kleinere Übel, ein »Luxusproblem im Vergleich zu einer Depression«, wie er sich ausdrückt. Sein klares Diktum: »Die Alternative, eine globale Wirtschaftskrise und globales Chaos, ist inakzeptabel« mag hiesige Leser seines Buches vor den Kopf stoßen. Die Erfahrung der Deutschen ist der der englischsprachigen Welt diametral entgegengesetzt. In Deutschland hat die Hyperinflation der 1920er-Jahre das Denken und Fühlen der Menschen geprägt, in den Vereinigten Staaten die Große Depression der 1930er. Während dort der schwere, nicht enden wollende Wirtschaftsabschwung die Menschen dauerhaft traumatisierte, war es hier die kalte Enteignung durch ein Geld, das das Papier nicht mehr wert war, auf dem es gedruckt ist. Das deutsche Trauma eines Währungsschnitts sollte sich noch zweimal wiederholen: einmal nach dem Zweiten Weltkrieg und (für die Ostdeutschen) bei der Einführung der D-Mark im Sommer 1990. Im jähen Kontrast dazu erreichte die jährliche Teuerungsrate in der Anglosphäre in den vergangenen 250 Jahren nur selten zweistellige Werte. Die höchste Jahres-Inflation verzeichnete Amerika Ende der 1970er-Jahre mit 13 Prozent. Kein einziges Mal in den zurückliegenden drei Jahrhunderten mussten Amerikaner oder Briten eine Währungsreform erleben.

Der Kampf der geldpolitischen Kulturen, den auch Soros aufzeigt, trat im Juni 2009 mit voller Wucht zutage, als sich die deutsche Bundeskanzlerin und der amerikanische Notenbankpräsident einen verbalen Schlagabtausch lieferten. Angela Merkel hatte vor einer monetären Laissez-faire-Haltung der Währungshüter gewarnt. Seien diese allzu willfährige Vollstreckungsgehilfen der Konjunkturpolitik, gerate die Geldwertstabilität in Gefahr. Ben Bernanke schoss in seiner Funktion als Chef der Federal Reserve (Fed) zurück und rechtfertigte die weitreichenden Vollmachten der Fed mit der wirtschaftlichen Ausnahmesituation.

Soros sieht in der Uneinigkeit einen Risikofaktor, der eine nachhaltige Erholung der globalen Wirtschaft gefährden und starke Devisenkursschwankungen hervorrufen könnte. Er selbst neigt klar zur angloamerikanischen Position: Gemäß dem Motto, zuerst müsse dem Kranken die lebensrettende Medizin verabreicht werden, dann erst brauche man darüber nachzudenken, wie sich deren Nebenwirkungen minimieren ließen, sagt er: »Man entgeht einer völlig aus dem Gleichgewicht geratenen Situation mit Deflation und Depression nur, indem man zunächst Inflation auslöst und dann wieder entgegensteuert.«

Zwar hält er die kommende Inflation für beherrschbar, doch lässt er auch keinen Zweifel daran, dass es zu einer Flucht in Schattenwährungen kommen wird, allen voran in Öl und Edelmetalle. Das Prinzip des ungedecktes Papiergeldes, das sich erst mit der Aufhebung der Goldbindung im August 1971 unter Richard Nixon durchsetzte, steuert auf seine größte Bewährungsprobe zu. Gerade Länder mit hohen Dollar-Reserven wie die Volksrepublik China rufen unüberhörbar nach einer Alternative zur Dollar-Dominanz. Sie argwöhnen, dass bei einem weiteren Vertrauensverlust in die USA und ihre Währung der Wert ihrer Devisen-Bestände dahinschmelzen könnte. Allein für das Reich der Mitte stehen mehr als zwei Billionen Dollar auf dem Spiel, wovon im Sommer 2009 knapp 800 Milliarden Dollar in amerikanischen Staatsanleihen geparkt waren.

Gerade die Antagonisten Amerikas auf der geopolitischen Bühne bringen ein internationales Währungssystem ins Spiel, das verstärkt auf den Sonderziehungsrechten (SZR) des Internationalen Währungsfonds (IWF) basiert. Diese Kunstdevise war in den 1960er-Jahren ursprünglich als transnationale Reservewährung geschaffen worden, führt aber seither ein Schattendasein als interne Verrechnungseinheit des IWF. Soros will die als »Esperanto-Geld« verschmähten Sonderziehungsrechte wiederbeleben. Sein Konzept sieht vor, dass weniger entwickelte Länder SZR-Anleihen begeben, die von den Wirtschaftsgroßmächten garantiert werden. Dadurch würde der Internationale Währungsfonds gestärkt und die internationale Zusammenarbeit zwischen den führenden Wirtschaftsnationen und den ökonomisch schwächeren Ländern der Peripherie gefördert. Darüber hinaus würde sich auch die Gefahr von Staatsbankrotten vermindern. Letztere ist als Folge der Finanzkrise so groß wie noch nie in der jüngeren Geschichte. Waren der IWF und die Weltbank 2006 in der Verlegenheit, dass kaum ein Staat ihre Kredite in Anspruch nehmen wollte oder musste, so hat sich die Situation drei Jahre später um 180 Grad gedreht: Die in Bretton Woods 1944 geschaffenen Organisationen mussten sich neues Kapital beschaffen, um ausreichend Hilfsgelder bereitstellen zu können. Island, Ungarn, die Ukraine, das Baltikum und andere konnten nur durch internationale Liquiditätsspritzen vor dem finanziellen Zusammenbruch bewahrt werden.

Die Zusammenhänge zwischen der aktuellen Finanzkrise und der Finanzverfassung der Welt erschließen sich erst auf den zweiten Blick: Einige Länder hatten ein aufgeblähtes Bankwesen, an dessen Wohl und Wehe die gesamte Volkswirtschaft hing. Spektakulärstes Beispiel war das kleine Island. Allein die Ausleihungen der drei führenden Finanzinstitute der Nordatlantik-Insel beliefen sich auf das Zwölffache der isländischen Wirtschaftsleistung. Als ein Geldhaus nach dem anderen kippte, stand die vormalige Boom-Nation am Abgrund und musste durch die internationale Gemeinschaft gestützt werden. Anderen Ländern wie Irland bürden die immensen Staatsbürgschaften für gestrauchelte Großbanken Lasten auf, die allein kaum zu schultern sind. Schmerzliche Konsequenz ist die Herabstufung durch Ratingagenturen, die die Bonität mit schlechteren Noten bewerten und dadurch eine negative Rückkopplung auslösen: Eine schwächere Kreditwürdigkeit führt zu höheren Anleihezinsen sprich Finanzierungskosten. Das wiederum belastet den Staatshaushalt des Schuldners zusätzlich und bringt die Gefahr eines weiteren Verlusts an Bonität mit sich. Kann dieser circulus vitiosus nicht durchbrochen werden, steuert das Land unweigerlich auf die Insolvenz zu. Dublin musste bereits die bittere Erfahrung machen, innerhalb von drei Monaten zwei Bonitätsstufen zu verlieren. Die Risikoaufschläge für Staatsanleihen schossen in die Höhe: An den Kapitalmärkten aufgenommenes Geld kam das ehemalige EU-Musterland Irland zwischenzeitlich zwei Prozentpunkte teurer zu stehen als den solidesten Schuldner des Kontinents, die Bundesrepublik Deutschland. Andere Staaten der Währungsunion, etwa Griechenland oder Spanien, sahen sich mit einer ähnlich dramatischen Explosion ihrer Finanzierungkosten konfrontiert.

Soros hält den Fall-out der Finanzkrise für ungleichmäßig verteilt: Die USA als Auslöser und Hauptverantwortlicher der Verwerfungen kommen verhältnismäßig glimpflich davon. Dank ihres Multimilliarden-Dollar-Konjunkturprogramms federn sie die schlimmsten Auswirkungen der schwersten Rezession seit 70 Jahren deutlich ab. Als Schuldner mit der besten Bonitätsnote »AAA« (Triple-A) können sie diese Ausgaben relativ günstig finanzieren. Jedoch absorbieren sie das Gros des freien Kapitals an den Finanzmärkten, was schwächeren Staaten mit weniger guter Bonität folglich nicht mehr zu ähnlich attraktiven Konditionen zur Verfügung steht. Dieser Staubsaugereffekt (in der Fachsprache auch – »crowding out« genannt) ist für Soros ein Konstruktionsfehler der internationalen Finanzarchitektur. Pikante Note am Rande: Müssten sich die Amerikaner Geld vom IWF leihen, würde der die Bedingung stellen, dass Washington einen Austeritätskurs fährt, also das exakte Gegenteil der jetzigen Ausgabenpolitik betreibt.

Der Währungsfonds ist aus seiner Sicht ohnehin dringend reformbedürftig. Nolens volens trägt die Institution in ihrer jetzigen Verfassung häufig zur Verschärfung internationaler Finanzkrisen bei, da Nothilfen von einer rigiden Sparpolitik der betroffenen Länder abhängig gemacht werden. Dadurch wirkt der IWF zyklenverstärkend, während er von seiner Idee her gegensteuern sollte. Damit der Währungsfonds indes neu ausgerichtet werden kann, bedarf es einer grundlegenden Reform. Nicht mehr die Interessen der ökonomischen Großmächte, allen voran Amerikas, sollten im Mittelpunkt stehen, sondern der Gedanke der Solidarität. Soros schlägt eine Neuverteilung der IWF-Länderquoten vor, deutet jedoch zugleich an, dass er kurzfristig großen Widerstand gegen eine Reform erwartet, namentlich (und das ist etwas überraschend) von deutscher Seite.

Eine weitere intellektuelle Kampfzone ist die Frage der Kontrolle des Finanzsektors. »Die Regulierung der Banken muss international koordiniert werden«, fordert Soros und spricht damit einen heiklen Punkt an. Schließlich haben Staaten wie Großbritannien eine laxe Kontrolle genutzt, um ihre Finanzindustrie hochzuzüchten und international an Wettbewerbsfähigkeit zu gewinnen. Nicht ohne Grund avancierte die City of London seit den 1990er-Jahren zu einem der bevorzugten Standorte der Hedge-Fonds-Branche. Die Nation mit der geringsten Regulierung setzt die Standards, ein Phänomen, das auch als »regulatorische Arbitrage« bekannt ist. Wie sich gezeigt hat, kann in einer globalisierten Ökonomie jedoch ein einziger Staat mit allzu lockerer Überwachung Probleme erzeugen, die eine Kettenreaktion mit fatalen Folgen nach sich ziehen. Siehe Northern Rock oder HBOS: Diese britischen Kleinbanken erlangten erst dadurch internationale Bedeutung, dass Bilder von ängstlich vor den Filialen wartenden Kunden um die Welt gingen und auch anderswo auf dem Planeten die Befürchtung eines »bank run« hervorriefen.

Soros' Lösungsvorschlag geht dahin, eine supranationale Körperschaft zu schaffen, die für die weltweite Überwachung des Bankensektors zuständig ist. Bisher wurde eine solche Welt-Behörde immer wieder mit der Begründung abgelehnt, dass Eingriffe die Märkte nur unnötig behindern. Der seit der Thatcher-Reagan-Revolution vorherrschenden Lehrmeinung zufolge führt das freie Spiel von Angebot und Nachfrage für alle zum besten Ergebnis. Soros greift diese Effizienztheorie der Märkte frontal an, was manchen verwundern mag, gehört der Investor als »Boss der Bosse der Hedge-Fonds« (wie ihn der Harvard-Historiker Niall Ferguson nannte) doch zu den größten Nutznießern der seit den 1970er-Jahren einsetzenden Deregulierung. Soros hat diesen Zwiespalt bei früherer Gelegenheit mit folgenden Worten aufzulösen versucht: »Wir müssen ja unterscheiden zwischen dem Marktteilnehmer und dem Bürger. Als Teilnehmer spielt man nach den Regeln. Als Bürger hat man die Verantwortung, das System zu verändern, wenn es falsch ist.«

Gibt es ein richtiges Agieren im falschen System? So könnte man frei nach Adorno fragen. Für Soros liegt die Wurzel des Übels darin, dass Märkte eben nicht rational und effizient sind, wie die überwältigende Mehrheit der Ökonomen annimmt, sondern unausweichlich verzerrt durch menschliche Wahrnehmungen und Vorurteile. Nach dem vorherrschenden Paradigma spiegeln Preise – sei es für Immobilien, Rohstoffe, Devisen oder Aktien – lediglich die Realität. In den Börsenkursen seien sämtliche verfügbaren Informationen enthalten. Für Soros ist der Markt aber kein passiver Diskontierungsmechanismus, vielmehr bildet er eine eigene Wirklichkeit, die zuweilen massiv auf die physische Realität einwirkt, die er der Theorie nach nur abbilden soll. Diese »Reflexivität der Märkte« (der Ausdruck stammt von Soros) kann gefährliche Auswirkungen haben, wie die jetzige Misere demonstriert. Der weltweite Immobilienboom konnte sich nur wegen dieser reflexiven Rückkopplungen zu einer Superblase auswachsen: Die Banken gewährten Darlehen zum Kauf von Häusern, die kontinuierlich an Wert zu gewinnen schienen. Das erhöhte den Wert der Sicherheiten in den Bilanzen der Finanzinstitute, was eine noch freizügigere Kreditvergabe nach sich zog. Mehr Geld auf der Jagd nach Grund und Boden trieb die Preise für Immobilien dann tatsächlich in die Höhe. Verbraucher setzten den gefühlten Wohlstandsgewinn in verstärkten Konsum um, oft auf Pump. Der Prozess erzeugte ein wirtschaftliches Ungleichgewicht, das auf Dauer nicht zu halten war – von dem Gleichgewicht, das die Volkswirtschaftslehre postuliert, keine Spur. Eine einzige Fehlannahme – Häuserpreise steigen immer – reißt so eine ganze Ökonomie in die Katastrophe.

Um das Risiko ähnlicher Desaster in Zukunft zu minimieren, schlägt Soros einen dritten Weg zwischen »Marktfundamentalismus« und kommunistischer Totalkontrolle vor. Während der Kommunismus daran krankt, dass die Funktionäre die ihnen überlassenen Produktionsmittel nicht im Sinne der Allgemeinheit einsetzen, sondern zum eigenen Vorteil, provozieren im Kapitalismus ungezügelt frei agierende Handlungsträger immer wieder schwere Krisen. Die daraus resultierende Volatilität ist weit weniger effizient, als die Theorie glauben machen will, und wirkt zersetzend auf die offene Gesellschaft.

Es wird spannend sein zu sehen, ob die Theorie der Reflexivität in den nächsten Jahren mehr akademische Anerkennung finden wird. Noch spannender ist, ob die Politik jenen dritten Weg einschlagen wird, den der Investor-Denker propagiert. Auch zwischen Soros' Theorie und der sich verändernden Realität existiert ein Spannungsverhältnis, das als reflexiv bezeichnet werden kann. Ungeklärt bleibt das Problem der rasant wachsenden Verschuldung der Industrienationen. In Japan belaufen sich die Verbindlichkeiten bereits auf das Doppelte der Wirtschaftsleistung; die USA werden, die öffentlichen Außenstände der Einzelstaaten mit eingerechnet, bald mit 100 Prozent ihres Bruttoinlandsprodukts verschuldet sein, dabei steht die Ausgabenexplosion durch die Überalterung als wahrer Stresstest erst bevor. Die Frage, wer die Zeche zahlen muss, dürfte Anlass zu erbitterten politischen Auseinandersetzungen bieten. Auch die von Soros angemahnte neue zwischenstaatliche Solidarität wird Rückwirkungen haben. Sollte sich bei den Regierungen der wirtschaftlich schwachen Länder die Überzeugung durchsetzen, dass sie in der Krise auf jeden Fall finanzielle Unterstützung von den Starken erfahren, könnte sie das zu allzu sorglosem Haushalten verleiten. Dann droht auf Staatenebene ein ähnliches Moral-Hazard-Phänomen wie bei den Kreditinstituten vor der Finanzkrise. Nach Soros' philosophischem Lehrmeister Karl Popper können Theorien nie endgültig bewiesen, sondern allenfalls widerlegt werden. Über Soros' Reflexivitätstheorie, so sie zur Grundlage internationaler Politik wird, werden die Märkte das unverkennbare Urteil sprechen. George Soros, der Meisterspekulant mit Mission, lag an der Börse selten daneben. Werden sich die Kurse auch diesmal weigern, ihn zu falsifizieren?

Daniel Eckert und Holger Zschäpitz, im Juni 2009

Daniel Eckert, geboren 1970, Historiker,
und Holger Zschäpitz, geboren 1971, Ökonom,
sind Autoren der WELT und der »Welt am Sonntag«.
Außerdem schreiben sie regelmäßig für
das Magazin »Cicero«.
Bei aller Verschiedenheit verbindet sie die
faustische Leidenschaft zu ergründen,
was die Weltwirtschaft im Innersten zusammenhält.

Kapitel 1

Der Crash 2008

1.1 Einleitung

In meinem vorangegangenen Buch, *Das Ende der Finanzmärkte – und deren Zukunft,* stellte ich einen theoretischen Rahmen für das Verständnis der Finanzkrise vor, die sich damals abzuzeichnen begann. Ich hatte erkannt, dass die Krise gravierender war, als sich viele eingestanden, aber selbst ich hätte nie damit gerechnet, dass das Finanzsystem zusammenbrechen und die Weltwirtschaft kollabieren würde. Wenn wir früher am Rand eines Zusammenbruchs standen, griffen die Finanzbehörden immer rettend ein. Das erwartete ich auch 2008, aber es geschah nicht. Am 15. September 2008 ließ man Lehman Brothers unkontrolliert bankrott gehen. Innerhalb weniger Tage erlitt das gesamte Finanzsystem einen Herzstillstand und musste künstlich am Leben gehalten werden. Die Auswirkungen auf die Weltwirtschaft entsprachen denen beim Zusammenbruch des Bankensystems in der

Weltwirtschaftskrise 1929. Der aktuelle Zusammenbruch ist ein relativ junges Ereignis, dessen volle Wirkung noch gar nicht zu spüren ist, und steht im Widerspruch zu meinen Prognosen für das Jahr 2008. Kurz gesagt, ich habe das Ausmaß der Finanzkrise gewaltig unterschätzt. Ich hatte jedoch Recht mit meiner Einschätzung, dass es sich um weitaus mehr handelte als um eine Hypothekenkrise oder eine Immobilienblase. Wir hatten den Wendepunkt in einem Prozess der Kreditexpansion erreicht, der seit dem Zweiten Weltkrieg andauerte und sich im Laufe der 1980er-Jahre zu einer Superblase entwickelt hatte.

Diese Erkenntnis ist von grundlegender Bedeutung, denn nur durch sie können wir verstehen, in welcher Situation wir uns derzeit befinden und welche Politik wir verfolgen sollen. Und nur so können wir den theoretischen Rahmen bewerten, den ich entwickelt habe. Auf den folgenden Seiten werde ich zunächst die aktuelle Lage beurteilen und dann auf mein theoretisches Konzept eingehen. Ich verwende dazu die Performance meiner eigenen Investitionen und bewerte davon ausgehend die wichtigsten Ereignisse 2008, bevor ich mich möglichen politischen Maßnahmen zuwende.

1.2 Performance-Bewertung

Bei der erneuten Lektüre von Kapitel 7, »Mein Ausblick für das Jahr 2008«, wird deutlich, dass ich die kommende Entwicklung im Großen und Ganzen vorhersah und mich einigermaßen gut positionierte. Aber ich lag in einem Punkt falsch, und diese Fehleinschätzung kam mich teuer zu stehen: Es gab keine Entkopplung zwischen Industrieländern und Entwicklungsländern. Die indischen und chinesischen Aktienmärkte wurden sogar noch härter getroffen als die Märkte in den USA oder Europa. Weil wir unser Engagement dort nicht reduzierten, verloren wir in Indien sogar mehr Geld, als wir im Vorjahr verdient hatten. Unser chinesischer Manager schnitt dank seiner Aktienauswahl besser ab als der Markt, außerdem half uns die Aufwertung der chinesischen Währung. Ich musste bei meinem Makro-Konto kräftig Hand anlegen, um unsere Verluste sowie die Verluste durch unsere externen Manager wieder auszugleichen. Das hatte ebenfalls einen Nachteil: Ich übernahm mich. Die Positionen, die ich kaufte, waren für die zunehmend volatilen Märkte zu groß, und um mein Risiko zu begrenzen, konnte ich es mir nicht leisten, mich in größerem Maße gegen den Trend zu stellen. Ich musste versuchen, kleinere Marktschwankungen zu erwischen, und dadurch war es schwierig, Short-Positionen dauerhaft zu halten.

Das Verhältnis von Risiko zu erwartetem Gewinn ist beim Leerverkauf genau umgekehrt wie bei einer Long-Position. Wenn man Wertpapiere besitzt und sich der Markt gegen einen richtet, sinkt das eigene Risiko. Wenn man leer verkauft, steigt es. Daher können Leerverkäufer Verluste nicht so gut wegstecken wie Investoren. Weil es zu viele Leerverkaufspositionen gab, kam es zu einigen bösen Squeezes*. Ich

---

*   Squeeze: Wenn zahlreiche Marktakteure darauf spekuliert haben, dass ein bestimmtes Wertpapier in Zukunft fallen wird, und dieses demzufolge leer verkauft haben, müssen alle auf einmal die entsprechenden Aktiva nachkaufen. Der plötzliche Nachfrageanstieg führt zu einem starken Kursanstieg – man spricht dann von einem Squeeze.

bin zwar ein erfahrener Leerverkäufer, kam aber ein paar Mal in die Bredouille und verpasste letzten Endes den stärksten Abwärtstrend im Oktober und November.

Die zunehmende Volatilität war Ausdruck einer wachsenden Verunsicherung. Das stellte ich bereits in meinem Buch fest, wo ich von einer Zeit verstärkter Verunsicherung sprach, es aber versäumte, die richtigen Schlussfolgerungen für meine Trading-Taktik daraus zu ziehen. Wenn ich mein Risiko niedriger gehalten hätte, hätte ich an meinen strategischen Positionen festhalten können und hätte möglicherweise mehr Geld verdient.

Ich schreibe »möglicherweise«, weil die Short-Positionen bei mir zwar stark überwogen, die wenigen strategischen Long-Positionen mich jedoch eine enorme Summe kosteten. Ich war angesichts der rasch schwindenden Vorkommen bei den wichtigsten bekannten Ölfeldern vom Potenzial des neuentdeckten Ölfelds vor der Küste Brasiliens sehr beeindruckt und kaufte einen Anteil an Petrobras – nur um mitzuerleben, wie sein Wert zeitweise um 75 Prozent einbrach. Außerdem erwischte es uns bei der sich entwickelnden Petrochemie in den Golfstaaten.

Ein weiterer Fall, wo ich versäumte, eine korrekte Erkenntnis entsprechend umzusetzen, war die Rohstoffblase. Ich hatte richtig erkannt, dass sich der langfristige Aufwärtstrend bei den Rohstoffen durch den fluchtartigen Rückzug aus den Währungen zu einer Blase entwickelt hatte. Das hatte ich auch vor dem amerikanischen Kongress ausgesagt (siehe Anhang). Aus unserer strategischen Long-Position bei CVRD, einem brasilianischen Eisenerzproduzenten, kamen wir noch rechtzeitig heraus, und es gelang auch, unsere Positionen bei anderen großen Eisenerzproduzenten in Short-Richtung zu verschieben, jedoch verpassten wir eine wichtige Gelegenheit bei den Rohstoffen an sich – unter anderem, weil ich aus früheren Erfahrungen wusste, wie schwierig der Handel damit ist.

Ich erkannte auch zu langsam die Trendumkehr beim Dollar und verlor so einen Großteil unserer Gewinne wieder. Unter Leitung meines neuen Chief Investment Officer verdienten wir Geld im Vereinigten Königreich, wo wir darauf setzten, dass die kurzfristigen Zinssätze sinken würden, und Pfund Sterling gegen den Euro leer verkauften. Wir erzielten außerdem gute Gewinne, indem wir nach dem Zusammenbruch der Kreditmärkte in den USA auf deren Erholung setzten.

Schließlich verstand ich, dass die Stärke des Dollars nicht darauf zurückzuführen war, dass die Leute sich bewusst dafür entschieden, am Dollar festzuhalten, sondern darauf, dass sie nicht in der Lage waren, ihre Dollar-Schuldverschreibungen zu halten oder zu refinanzieren. In einem sehr realen Sinn war die Stärke des Dollars wie das Fieber bei einer Krankheit ein Gradmesser für die Störung des Finanzsystems. Dank dieser Erkenntnis antizipierte ich den Kursverfall des Dollars Ende 2008. Folglich beendeten wir das Jahr mit einem bescheidenen Plus und hätten beinahe mein Ziel eines jährlichen Mindestertrags von zehn Prozent erreicht, obwohl wir den Großteil des Jahres in den roten Zahlen gewesen waren. In einer Zeit der nahezu universalen Wertvernichtung ist das in meinen Augen eine stolze Leistung.

1.3 Der Crash von 2008

Der Bankrott von Lehman Brothers am Montag, den 15. September 2008 war ein Ereignis, das den Lauf der Dinge veränderte. Wie erwähnt hatten bis dahin die Behörden immer eingegriffen, wenn das Finanzsystem zusammenzubrechen drohte. Diesmal unternahmen sie nichts. Die Folgen waren verheerend. Credit Default Swaps (CDS)* gingen durch die Decke, und das Versicherungsunternehmen American International Group (AIG), das über große Short-Positionen bei CDS verfügte, stand unmittelbar vor der Zahlungsunfähigkeit. Bereits am nächsten Tag, einem Dienstag, musste US-Finanzminister Henry Paulson seine Haltung revidieren und AIG zu schmerzhaften Bedingungen zu Hilfe eilen. Aber es sollte noch schlimmer kommen. Lehman war einer der wichtigsten Händler und Emittenten von kurzfristigen Schuldverschreibungen. Ein unabhängiger Geldmarktfonds hielt Lehman-Papiere, und da ihm niemand finanziell unter die Arme greifen konnte, konnte er nicht mehr die Rücknahme der Anteile zum Nennwert garantieren.** Dies löste unter den Anlegern eine Panik aus, und am Donnerstag, den 18. September war der Ansturm auf Geldmarktfonds bereits in vollem Gange. Die Panik griff auf den Aktienmarkt über. Die US-Notenbank musste eine Bürgschaft für alle Geldmarktfonds abgeben, Leerverkäufe von Finanzaktien wurden ausgesetzt,

---

* Credit Default Swap (CDS): ein Kreditderivat zum Handeln von Ausfallrisiken, z.B. von Krediten, ähnelt einer Kreditversicherung. Dadurch erhalten Banken und Investoren ein flexibles Instrument, um Kreditrisiken zu handeln.

** Ein für Geldmarktfonds, die in der Regel als Bar-Äquivalente angesehen werden, katastrophaler Vertrauensverlust, Anm. d. Übers.

und das Finanzministerium kündigte ein Rettungspaket im Umfang von 700 Milliarden Dollar für den Finanzsektor an. Damit verschaffte es dem Aktienmarkt vorübergehend etwas Luft.

Aber Paulsons 700-Milliarden-Paket war schlecht durchdacht – genauer gesagt war es überhaupt nicht durchdacht. Seltsamerweise war der Finanzminister auf die Folgen seiner Entscheidung, Lehman Brothers in Konkurs gehen zu lassen, nicht vorbereitet. Als das Finanzsystem zusammenbrach, musste er den Kongress um Geld bitten – ohne eine klare Vorstellung davon, wie er es verwenden sollte. Sein rudimentäres Konzept sah vor, so etwas Ähnliches wie die Resolution Trust Corporation einzurichten, die bei der Sparkassenkrise in den 1980er-Jahren die Vermögenswerte der in Not geratenen Sparkassen aufgekauft und letztlich wieder veräußert hatte.

Also erbat sich Paulson völlig freie Hand und forderte sogar gerichtliche Immunität. Das wurde ihm natürlich vom Kongress verweigert. Einige Stimmen, darunter auch ich selbst, legten überzeugend dar, dass es besser sei, das Geld als Finanzspritze für das Eigenkapital der Banken zu verwenden, anstatt diesen die toxischen Vermögenswerte abzunehmen. Schließlich ließ sich Paulson von der Idee überzeugen, setzte sie aber nicht richtig um. In zwei Artikeln, die im Anhang enthalten sind, legte ich die angeratene Vorgehensweise dar.

Die Situation im Finanzwesen verschlechterte sich weiter. Der Geldmarkt kam völlig zum Erliegen; der LIBOR*

---

* London Interbank Offered Rate, der täglich festgelegte Referenzzinssatz im Interbankengeschäft.

stieg; die Swap-Spreads* wurden größer; der CDS-Markt kollabierte, und Investmentbanken und andere Finanzinstitute ohne direkten Zugang zur US-Notenbank konnten keine Interbanken- oder kurzfristigen Kredite mehr bekommen. Die US-Notenbank musste einen Rettungsanker nach dem anderen auswerfen. In dieser Atmosphäre hielt der Internationale Währungsfonds (IWF) ab dem 11. Oktober seine Jahressitzung in Washington ab. Die europäischen Teilnehmer reisten vorzeitig ab und trafen sich bereits am 12. Oktober in Paris. Dort beschlossen sie praktisch eine Garantie, kein größeres europäisches Finanzinstitut bankrott gehen zu lassen. Allerdings konnten sie sich nicht auf eine europaweite Regelung einigen, daher traf jedes Land seine eigenen Vorkehrungen. Schon bald folgten die USA dem Beispiel der Europäer und sprachen eine Garantie für ihre Banken aus.

Dieses Vorgehen hatten unbeabsichtigte Nebenwirkungen: Länder, die es sich nicht leisten konnten, ähnlich glaubwürdige Garantien für ihre Finanzinstitute abzugeben, gerieten noch weiter unter Druck. Island stand bereits kurz vor dem Zusammenbruch. Ungarns größte Bank war einer Bear Raid** ausgesetzt, und die Währungen und Staatsanleihen Ungarns und der übrigen osteuropäischen Länder verfielen. Ähnlich erging es Brasilien, Mexiko, den asiatischen Tiger-

---

* Swap-Spread: Differenz zwischen Swapsatz und Rendite einer Staatsanleihe gleicher Laufzeit, wobei der Swapsatz die Differenz zwischen Devisenkassakurs – dem tagesaktuellen Kurs – und dem Devisenterminkurs – dem erwarteten Kurs zu einem späteren Zeitpunkt – darstellt. Unter dem Strich ist der Swap-Spread ein Indikator für das Ausfallrisiko von Staatsanleihen.
** Bear Raid: Koordiniertes Vorgehen interessierter Investoren, um den Kurs eines Wertpapiers zu drücken und so den Wert von Short-Positionen zu steigern.

staaten und in geringerem Maße der Türkei, Südafrika, China, Indien, Australien und Neuseeland. Der Euro stürzte ab, und der Yen zog steil an. Der Dollar legte auf handelsgewichteter Basis zu. Handelskredite in den Ländern der Peripherie versiegten. Die unberechenbaren Währungsschwankungen forderten einige Opfer. So hatten sich etwa führende Exporteure in Brasilien angewöhnt, Optionen gegen ihre im Wert steigende Währung auszugeben. Sie wurden nun zahlungsunfähig und lösten damit einen lokalen Mini-Crash aus.

Zusammengenommen hatten diese Verwerfungen ungeheure Auswirkungen auf das Verhalten und die Einstellung von Verbrauchern, Unternehmen und Finanzinstituten weltweit. Das Finanzsystem steckte schon seit August 2007 in der Krise, doch die Öffentlichkeit hatte kaum etwas davon mitbekommen. Abgesehen von einigen Ausnahmen ging alles seinen gewohnten Gang. Das änderte sich in den Wochen nach dem 15. September 2008. Die Weltwirtschaft stürzte ins Bodenlose, wie sich anhand der Statistiken für Oktober und November zeigte. Der Vermögenseffekt war enorm. Pensionskassen, Universitätsstiftungen und Wohltätigkeitsverbände verloren innerhalb weniger Monate zwischen 20 und 40 Prozent ihrer Vermögenswerte – noch bevor der Madoff-Skandal in Höhe von 50 Milliarden Dollar aufgedeckt wurde. Die sich selbst verstärkende Erkenntnis, dass wir vor einer tiefen und langen Rezession stehen, die sich möglicherweise zu einer Depression entwickeln wird, griff immer weiter um sich.

Die US-Notenbank reagierte entschieden auf die Krise, indem sie ihren Leitzins am 16. Dezember 2008 drastisch auf beinahe null senkte und eine Politik des »Quantitative Easing*« einleitete. Unter Präsident Obama hat der US-Kongress ein auf zwei Jahre angelegtes Konjunkturprogramm in Höhe von 787 Milliarden Dollar verabschiedet, weitere einschneidende Maßnahmen sind in Vorbereitung.

Die internationalen Maßnahmen fielen bislang zurückhaltender aus. Der IWF hat eine neue Fazilität genehmigt, die es finanziell gesunden Peripheriestaaten gestattet, ohne Vorbedingungen Kredite aufzunehmen, die das bisherige Volumen bis um das Fünffache übersteigen. Doch die Summen sind kümmerlich und nach wie vor mit einem Stigma behaftet, daher bleiben die Mittel ungenutzt. Die US-Notenbank hat Mexiko, Brasilien, Korea und Singapur Swap-Linien eingeräumt. Doch der Präsident der Europäischen Zentralbank Jean-Claude Trichet schimpft lauthals über die fiskalpolitische Unverantwortlichkeit, und Deutschland wehrt sich weiterhin hartnäckig gegen eine exzessive Geldmengenausweitung, weil diese einer zukünftigen Inflation den Boden bereiten könnte. Diese divergierenden Haltungen machen eine konzertierte internationale Aktion extrem schwierig und könnten zudem starke Wechselkursschwankungen hervorrufen.

Im Nachhinein lässt sich der Bankrott von Lehman Brothers mit den Bankzusammenbrüchen in den 1930er-Jahren vergleichen. Wie konnte man zulassen, dass es dazu kam? Die Verantwortung liegt eindeutig bei den Finanzbehörden, insbesondere dem Finanzministerium und der US-Notenbank. Beide behaupten zwar, sie besäßen dafür keine ausreichenden ge-

---

*   Quantitative Easing (»Quantitative Lockerung«): Aufkauf von toxischen Wertpapieren durch die Zentralbanken, um die Wirtschaft wieder mit Geld zu versorgen.

setzlichen Befugnisse, aber das ist eine faule Ausrede. Im Notfall hätten sie alles Erforderliche tun können und müssen, um einen Zusammenbruch des Systems zu verhindern, so wie sie es bereits bei anderen Gelegenheiten getan haben. Tatsache ist jedoch, dass sie es zum Zusammenbruch kommen ließen. Warum?

Ich möchte an dieser Stelle zwischen Finanzminister Henry Paulson und US-Notenbankchef Ben Bernanke differenzieren. Zuständig war Paulson, weil Lehman Brothers als Investmentbank nicht der Zuständigkeit der Notenbank unterlag. Meiner Ansicht nach zögerte Paulson, auf das »Geld der Steuerzahler« zuzugreifen, weil er wusste, dass dies eine verstärkte staatliche Kontrolle nach sich ziehen würde. Er ist ein echter Marktfundamentalist. Er glaubt, dass man dieselben Methoden und Instrumente, die die Märkte in Schwierigkeiten gebracht hatten, auch dazu nutzen könnte, um die Schwierigkeiten zu beheben. Doch sein Versuch, eine riesige Zweckgesellschaft zu schaffen, um bankrotte SIVs (Structured Investment Vehicles)* zu übernehmen, war von vornherein zum Scheitern verurteilt. Paulson hing der Doktrin an, dass sich Märkte eher der Lage anpassen können als die einzelnen Marktteilnehmer. Sechs Monate nach der Bear-Stearns-Krise glaubte er wohl, die Märkte hätten ausreichend Zeit gehabt, sich auf den Konkurs von Lehman Brothers vorzubereiten. Deshalb hatte er auch keinen Plan B, als die Märkte zusammenbrachen.

Bernanke ist weniger ideologisch ausgerichtet. Doch aufgrund seines akademischen Hintergrunds war er auf das

---

*   Structured Investment Vehicle (SIV): eine außerbilanzielle Kreditarbitragezweckgesellschaft im Finanzwesen.

Platzen der Superblase nicht vorbereitet. Er ging davon aus, dass die Immobilienblase ein isoliertes Phänomen sei, das bis zu 100 Milliarden Dollar an Verlusten verursachen könne, die sich aber problemlos auffangen lassen würden. Er erkannte nicht, dass die Allgemeine Gleichgewichtstheorie grundlegende Schwächen hat, und konnte daher nicht vorhersehen, dass die verschiedenen Methoden und Instrumente nicht funktionieren würden, weil sie auf der falschen Annahme basieren, dass die Preise in willkürlicher Weise von einem theoretischen Gleichgewicht abweichen. Aber Bernanke lernte schnell. Als er die Entwicklung erkannte, senkte er drastisch die Zinsen, zunächst im Januar 2008 und dann erneut im Dezember. Leider setzte sein Lernprozess zu spät ein und hinkte stets den Ereignissen hinterher. Und so geriet die Situation außer Kontrolle.

Auf einer tieferen Ebene widerlegt der Niedergang von Lehman Brothers eindeutig die Effizienzmarkthypothese. Meine Argumentation ist zwangsläufig kontrovers, verweist aber auf einige interessante Fragen. Alle drei Schritte werden den Leser auf unbekanntes Terrain führen.

Zunächst einmal besteht auf dem Aktienmarkt eine Asymmetrie zwischen Long- und Short-Positionen. (Eine Kauf- oder Long-Position bedeutet, dass einem eine Aktie gehört; eine Leerverkaufs- oder Short-Position bedeutet, dass man eine Aktie verkauft, die einem nicht gehört.) Wie bereits erwähnt, ist die Kursentwicklung bei einer Kaufposition nach oben potenziell unbegrenzt, das Kursrisiko nach unten ist dagegen begrenzt. Bei einer Leerverkaufsposition ist es umgekehrt. Die Asymmetrie manifestiert sich folgendermaßen: Verluste bei einer Kaufposition verringern das verbleibende Verlustrisiko, Verluste bei einer Leerverkaufsposition erhöhen das Risiko. Infolgedessen kann man, wenn man die Entwicklung falsch eingeschätzt hat, bei einer Kaufposition länger abwarten als bei einer Leerverkaufsposition. Diese Asymmetrie soll vor Leerverkäufen von Aktien abschrecken.

Beim zweiten Schritt geht es darum, CDS zu verstehen und zu erkennen, dass der CDS-Markt eine praktische Möglichkeit darstellt, Anleihen leerzuverkaufen, also auf den Kursrückgang von Anleihen zu setzen, die man nicht hat. Auf diesem Markt funktioniert die Asymmetrie der Risiko-Nutzen-Funktion genau umgekehrt: Leerverkäufe von Anleihen sind durch den Kauf eines CDS-Kontrakts mit einem begrenzten Risiko verbunden und bieten potenziell unbegrenzten Gewinn, während der Verkauf von CDS-Kontrakten begrenzte Gewinne, aber praktisch unbegrenzte Risiken umfasst. Diese Asymmetrie ermutigt zu Spekulationen mit Leerverkäufen, was wiederum einen Abwärtsdruck auf die zugrunde liegenden Anleihen ausübt. Wird eine ungünstige Entwicklung erwartet, können die negativen Auswirkungen überwältigend sein, weil CDS meist als Optionsscheine und nicht als Optionen bewertet werden: Die Käufer erwerben sie nicht in Erwartung eines Zahlungsausfalls, sondern gehen davon aus, dass die CDS im Fall einer gegenläufigen Entwicklung an Wert gewinnen. Keine Arbitrage kann die fehlerhafte Preisbildung korrigieren. Das lässt sich leicht am Beispiel der amerikanischen und britischen Staatsanleihen nachvollziehen: Der tatsächliche Kurs der Anleihen ist deutlich höher als der von den CDS implizierte Kurs. Diese

Asymmetrien sind mit der Effizienzmarkthypothese schwer in Einklang zu bringen.

Drittens sollte man die Rückkopplungseffekte berücksichtigen und zur Kenntnis nehmen, dass sich die Fehlbewertung von Finanzinstrumenten ihrerseits auf die Fundamentaldaten auswirken kann, die eigentlich von den Marktpreisen widergespiegelt werden sollten. Nirgends ist dieses Phänomen ausgeprägter als bei den Finanzinstituten, die in ihrer Tätigkeit auf Zuversicht und Vertrauen angewiesen sind. Ein Kursrückgang bei den von ihnen gehaltenen Anteilen und Anleihen kann ihre Finanzierungskosten erhöhen. Das bedeutet, dass Bear Raids auf Finanzinstitute selbstbestätigend sein können, was im direkten Widerspruch zur Effizienzmarkthypothese steht.

Führt man diese drei Überlegungen zusammen, kommt man zu der Schlussfolgerung, dass Lehman Brothers, die American International Group (AIG) und andere Finanzinstitute durch Bear Raids vernichtet wurden, bei denen sich Leerverkäufe von Aktien und Käufe von CDS gegenseitig verstärkten. Die unbegrenzten Leerverkäufe wurden durch die Abschaffung der Uptick-Regel ermöglicht (die Leerverkäufe nur bei steigenden Kursen erlaubte und dadurch Bear Raids erschwert hätte). Der CDS-Markt wiederum erleichterte den unbegrenzten Leerverkauf von Anleihen. Das ergab eine tödliche Kombination, die man bei AIG – einem der erfolgreichsten Versicherungsunternehmen der Welt – nicht durchschaute. AIG war auf den Verkauf von Versicherungen spezialisiert, und wenn man dort ein deutlich falsch bewertetes Risiko erkannte, versicherte man es in dem Glauben, dass eine breite Streuung das Risiko verringert. AIG ging davon aus, langfristig ein Vermögen zu machen, geriet jedoch kurzfristig an den Rand des Zusammenbruchs, weil man nicht erkannt hatte, dass man keine Versicherungen, sondern Optionsscheine für Leerverkäufe von Anleihen verkaufte.

Meine These eignet sich für die empirische Überprüfung. Die Fakten zeigen, dass der CDS-Markt viel größer ist als alle Anleihenmärkte zusammen – seinen bisherigen Höhepunkt erreichte er mit einem ausstehenden Nominalbetrag von 62 Billionen Dollar. Auf illegale Absprachen unter denjenigen, die Aktien leer verkauften und CDS kauften, gibt es bislang nur vereinzelte Hinweise, doch die Angelegenheit sollte weiter untersucht werden. Auf den ersten Blick liegt diese Schlussfolgerung jedenfalls nahe.

Das wirft einige interessante Fragen auf. Was wäre passiert, wenn die Uptick-Regel beibehalten worden wäre und Spekulationen mit CDS nicht erlaubt gewesen wären? Der Bankrott von Lehman Brothers wäre vielleicht vermieden worden, aber was wäre mit der Superblase passiert? Man kann nur mutmaßen. Ich nehme an, dass der Superblase die Luft langsamer entwichen wäre, was weniger katastrophale Folgen gehabt hätte, allerdings hätten dann auch die Nachwirkungen länger angedauert. Das Ganze hätte mehr der Krise in Japan geähnelt als der jetzigen Entwicklung.

Wie soll man nun mit Leerverkäufen umgehen? Leerverkäufe verleihen Märkten zweifellos mehr Tiefe und Kontinuität und machen sie widerstandsfähiger, sie haben jedoch auch ihre Tücken. Bear Raids können selbstbestätigend werden und müssen daher unter Kontrolle gehalten werden.

Wenn die Effizienzmarkthypothese zutreffen würde, wäre das a priori ein Grund, keine Beschränkungen zu verhängen. So, wie die Dinge liegen, sind die Uptick-Regel und die Maßnahme, Leerverkäufe nur dann zu erlauben, wenn sie durch geborgte Aktien gedeckt sind, nützliche und pragmatische Vorkehrungen, die ohne eindeutige theoretische Rechtfertigung gut zu funktionieren scheinen.

Und wie sollen Credit Default Swaps in Zukunft gehandhabt werden? In dieser Frage vertrete ich eine radikalere Haltung als die meisten anderen Experten. Die vorherrschende Meinung besagt, dass CDS an regulierten Börsen gehandelt werden sollten. Ich bin der Ansicht, dass sie toxisch sind und nur » auf Rezept « verwendet werden sollten. Man könnte damit tatsächliche Anleihen versichern dürfen, sollte aber – angesichts ihres asymmetrischen Charakters – nicht gegen Länder oder Unternehmen spekulieren können.* CDS sind jedoch nicht das einzige synthetische Finanzinstrument, das sich als toxisch erwiesen hat. Das Gleiche gilt für das Zergliedern und Zusammenwürfeln forderungsbesicherter Schuldverschreibungen (CDO) und für Portfolioversicherungskontrakte, die den Börsencrash von 1987 verursachten – um nur zwei Beispiele zu nennen, die eine Menge Schaden angerichtet haben. Die Emission von Aktien wird von der Secu-

---

*   Anfang 2009 bereitet der Handel mit CDS dem Euro Probleme. Mehrere Länder der Eurozone sind überschuldet und müssen damit rechnen, von den Ratingagenturen herabgestuft zu werden. Der Kauf von CDS-Kontrakten verursacht zusätzlichen Druck bei den Kreditkosten und mindert die Vorteile, dem Euroblock anzugehören, was die Widerstandsfähigkeit des Euro in Zweifel zieht. Der Euro weist eine unabhängig davon bestehende grundlegende Schwäche auf, die durch den CDS-Markt in sich selbst verstärkender Weise verschärft wird.

rities and Exchange Commisson reguliert, warum nicht auch die Emission von Derivaten und anderen synthetischen Instrumenten? Die Rolle der Rückkopplung und der Asymmetrien, die ich aufgezeigt habe, sollten zum Anlass genommen werden, die Effizienzmarkthypothese zu verwerfen und die Aufsichtsmechanismen gründlich zu überdenken.

Der Bankrott von Lehman Brothers hatte die gleiche Schockwirkung auf das Verhalten der Verbraucher und Unternehmen wie die Bankzusammenbrüche der 1930er-Jahre. Die Probleme, vor denen die Obama-Administration steht, sind sogar mindestens doppelt so groß wie die damaligen Probleme von Präsident Roosevelt. Das lässt sich anhand einer einfachen Rechnung aufzeigen. Das Gesamtvolumen der ausstehenden Kredite betrug 1929 160 Prozent des BIP und stieg aufgrund der Anhäufung von Schulden und des Rückgangs des BIP bis zum Jahr 1932 auf 260 Prozent. In den Crash von 2008 traten wir mit ausstehenden Krediten von 365 Prozent im Verhältnis zum BIP ein, und ihr Volumen wird sicher auf 500 Prozent steigen, wenn sich die Auswirkungen der Krise voll entfaltet haben. Dabei berücksichtigt unsere Rechung noch nicht einmal den überall verbreiteten Einsatz von Derivaten, den es in den 1930er-Jahren noch nicht gab und der die Lage heute immens verkompliziert. Der Nominalbetrag der ausstehenden CDS-Kontrakte übersteigt das BIP um mehr als das Vierfache. Unser einziger Vorteil ist, dass wir auf die Erfahrungen der 1930er-Jahre und die Rezepte von John Maynard Keynes zurückgreifen können. Seine Abhandlung *The General Theory of Employment, Interest and Money (Allgemeine Theorie der Beschäftigung, des*

Zinses und des Geldes) erschien erst 1936; uns steht sie von Anfang an zur Verfügung. Darauf aufbauend möchte ich zunächst umreißen, welche Politik die Obama-Administration verfolgen muss, und dann einschätzen, wie die zukünftige Entwicklung aussehen könnte.

Kapitel 2

Ein Programm zur wirtschaftlichen Erholung

Wenn Finanzblasen platzen, können die anschließende Kreditverknappung, die erzwungene Liquidierung von Vermögenswerten, die Deflation und die Vernichtung von Vermögen katastrophale Ausmaße erreichen. In einem deflationären Klima kann die Last der angehäuften Schulden das Bankensystem zerstören und die Wirtschaft in eine Depression stürzen. Das muss um jeden Preis verhindert werden.

Eine Möglichkeit besteht darin, Geld zu schaffen, um die Kreditverknappung auszugleichen, das Bankensystem zu rekapitalisieren und die angehäuften Schulden abzuschreiben oder auszubuchen. Die besten Resultate erreicht man mit der Kombination aller drei Prozesse. Das erfordert jedoch radikale und unorthodoxe Maßnahmen. Wenn die Maßnahmen greifen und es zu einer Kreditexpansion kommt, wird der deflationäre Druck vom Gespenst der Inflation abgelöst. Dann müssen die Behörden die überschüssige Geldmenge der Wirtschaft ebenso rasch wieder entziehen, wie sie sie zuvor hineingepumpt haben. Von den beiden Vorgängen wird sich der zweite in technischer wie politischer Hinsicht als der schwierigere erweisen, aber die Alternative – eine globale Wirtschaftskrise und weltweites Chaos – ist völlig inakzeptabel. Man entgeht einer völlig aus dem Gleichgewicht geratenen Situation mit Deflation und Depression nur, indem man zunächst Inflation auslöst und dann wieder entgegensteuert.

Wie bereits festgestellt, stehen wir vor noch größeren Problemen als in den 1930er-Jahren. Die planlose und willkürliche Reaktion der Bush-Administration hat die Situation zusätzlich verschärft. Im Gefolge der Lehman-Pleite standen die Öffentlichkeit und Unternehmer unter Schock, und die Wirtschaft fiel ins Bodenlose. In den beiden kommenden Quartalen wird sich die Situation rapide verschlechtern.

Damit die Wirtschaft nicht in eine Depression rutscht, muss Präsident Obama ein radikales und umfassendes Rettungspaket schnüren, das aus fünf Hauptkomponenten besteht:

1. einem fiskalischen Konjunkturpaket
2. einer gründlichen Revision des Hypothekensystems
3. der Rekapitalisierung der Banken
4. einer innovativen Energiepolitik
5. der Reform des internationalen Finanzsystems

Ich möchte kurz auf die einzelnen Bestandteile eingehen.

2.1 Fiskalische Anreize

Diese Maßnahme ist allgemein bekannt und akzeptiert, und ich habe ihr nichts Neues hinzuzufügen. Das entsprechende Konjunkturpaket ist bereits verabschiedet, aber seine Umsetzung wird einige Zeit dauern. Außerdem kann es den Abschwung nur mildern. Aus meiner Sicht sind die beiden folgenden Punkte unverzichtbar: Um die Wirtschaft aus der Krise zu führen, müssen wir das Hypotheken- und Bankensystem von Grund auf neu organisieren.

2.2 Die Revision des Hypothekensystems

Der Zusammenbruch des Finanzsystems begann mit dem Platzen der amerikanischen Wohnimmobilienblase. Nun besteht die akute Gefahr, dass die Hauspreise ins Bodenlose sinken und die Bilanzen der Banken zusätzlich unter Druck setzen. Um das zu verhindern, müssen Zwangsvollstreckungen auf ein Minimum reduziert und der Immobilienbesitz sowohl für derzeitige Eigentümer als auch für potenzielle Käufer erleichtert werden. Aber wir müssen noch weitergehen. Da die Kreditbranche am Boden liegt, müssen wir sie einer gründlichen Überholung unterziehen und ein neues System einführen, das nicht die Fehler aufweist, die unsere derzeitigen Schwierigkeiten verursacht haben. Es kommt selten vor, dass ein systemischer Wandel erforderlich oder überhaupt möglich ist, aber zurzeit befinden wir uns in einer derartigen Situation.

Ich trete bei einigen Anpassungen für eine Übernahme des dänischen Modells ein. Dieses Modell hat seine Qualität seit seiner Einführung nach der Brandkatastrophe von Kopenhagen im Jahr 1795 unter Beweis gestellt. Unser derzeitiges System brach zusammen, weil die Initiatoren der Hypotheken nicht einmal einen Teil des Kreditrisikos trugen. Sie hatten es nur auf die Maximierung ihrer Provisionen abgesehen. Als Agenten hatten sie nicht die gleichen Interessen wie die späteren Besitzer. Im dänischen System bleibt das Kreditrisiko beim Kreditvermittler – er muss für ausbleibende Zahlungen aufkommen.

Im Gegensatz zu Amerikas Abhängigkeit von den so genannten government-sponsored enterprises (GSE) – also den mit einem Sonderstatus versehenen Finanzinstituten Fannie Mae und Freddy Mac, die auf eine staatliche Kreditlinie zurückgreifen können – gibt es in Dänemark ein offenes System, an dem alle Hypothekenkreditgeber auf Basis gleicher Bedingungen beteiligt sind und ohne staatliche Garantien auskommen müssen. Dennoch haben dänische Pfandbriefe traditionell ein sehr gutes Rating; oft liegt ihre Rendite unterhalb der von Staatsanleihen. Das lässt sich für die USA derzeit natürlich nicht erreichen, der Markt ist dafür zu demoralisiert, doch in Zukunft wäre das vielleicht möglich.

Dänische Hypothekenpfandbriefe sind stark standardisiert. Charakteristisch ist, dass sie mit der zugrunde liegenden Hypothek identisch und austauschbar sind. Durch den Kauf des entsprechenden Pfandbriefs am Markt und durch

seinen Eintausch gegen die Hypothek können Hausbesit-
zer ihre Hypothek jederzeit tilgen. Da sich Pfandbriefkur-
se und Häuserpreise normalerweise in die gleiche Richtung
bewegen, reduziert man mit dieser Eigenschaft – dem so genannten Prinzip des Gleichgewichts – das Risiko negativen
Eigenkapitals. Die Hypothekenkreditanbieter sind streng
reguliert, und ihre Interessen sind eng mit denen der Pfand-
briefinhaber verknüpft. Sie geben nur das Zinsrisiko weiter,
das Ausfallrisiko bleibt bei ihnen. Aus diesem Grund sind
die Pfandbriefe trotz fehlender offizieller Garantien traditionell gut bewertet.

Als Mexiko Hypotheken verbriefen wollte, um das Haus-
eigentum im Land zu fördern, entschied man sich auf mein
Anraten hin für das dänische System. Mein Vorschlag wurde
vom amerikanischen Finanzministerium unterstützt, das damals Paul O'Neill verstand. Das dänische Modell ist dem
GSE-Modell eindeutig überlegen. Die Frage ist nur: Wie ge-
langt man vom einen zum anderen Modell?

Ursprünglich schlug ich ein umfassendes Programm vor,
bei dem sämtliche notleidenden Hypotheken (also die, deren Kreditsumme den aktuellen Marktwert des Hauses übersteigt) durch neue, auf dem dänischen Prinzip des Gleichgewichts beruhende Hypotheken ersetzt würden. Die Garantie
für die neuen Hypotheken würde eine staatliche Agentur
übernehmen. Dadurch wäre der Anreiz gemindert, in Zah-
lungsverzug zu geraten, um in den Genuss einer Änderung
der Kreditbedingungen zu kommen, allerdings wäre das Programm auf unüberwindliche politische und sogar verfas-
sungsrechtliche Hindernisse gestoßen. Das Zergliedern und

Zusammenwürfeln von CDO hat zu so großen Interessens-
konflikten bei den Inhabern der verschiedenen Tranchen ge-
führt, dass eine Neuorganisation weder auf freiwilliger Basis
noch durch Zwang möglich ist.

Also gab ich die Suche nach einer optimalen Lösung auf
und erkannte, dass eine zweitbeste Lösung bereits zur Verfügung steht. Die GSE sind inzwischen praktisch im Staatsbesitz, aber der Staat übt seine Kontrollmacht nicht aus. Die
GSE sind hin- und hergerissen zwischen den Interessen ihrer
Aktionäre und dem Gemeinwohl. Die Vorstellung, dass die
Inhaber einen Gewinn erzielen, ist illusorisch, dennoch versuchen die GSE aus ihrer Quasi-Monopolstellung einen Vorteil zu ziehen, verlangen hohe Gebühren und verhängen res-
triktive Bedingungen sowohl bei Refinanzierungen als auch
bei Neuverträgen. Das verschärft das Immobilien-Problem
zusätzlich, könnte jedoch leicht durch eine neu eingerichtete
Regulierungsbehörde behoben werden, die die GSE als Instrument des Gemeinwohls einsetzt.

Die GSE könnten eine neue Hypothekenform auf
Grundlage des dänischen Modells einführen. Diese Form
wäre transparent und einheitlich und würde das Prinzip des
Gleichgewichts berücksichtigen. Die GSE würden ihre Gebühren senken, das Limit der Hypotheken, für die sie garantieren, erweitern und eine neue Garantielinie einführen – bis
zu 90 Prozent des veranschlagten Werts gegen einen höheren
Risikoaufschlag – und damit effektiv die privaten Hypothe-
kenfinanzierer ersetzen, die ihre Tätigkeit eingestellt haben.
Sie würden außerdem einen optimierten und günstigen Re-
finanzierungsprozess für bestehende Hypotheken einführen.

Das würde die Kosten für Hypotheken, die den Richtlinien der GSE entsprechen, deutlich senken und einen starken Anreiz schaffen, Hypotheken, die diesen nicht entsprechen, in diesem Sinne anzupassen. Säumige Hypothekenschuldner könnten vom Help for Homeowners Act Gebrauch machen und 85 Prozent des Schätzwerts realisieren. In den meisten Fällen wäre das einer aufwändigen Zwangsvollstreckung vorzuziehen. Wenn die Inhaber von dieser Möglichkeit nicht freiwillig Gebrauch machen, könnte ein Richter sie in einem vereinfachten Insolvenzverfahren dazu zwingen. So oder so würde die Zahl der Zwangsvollstreckungen deutlich gesenkt. Durch die Verfügbarkeit von Krediten zu niedrigen Gebühren würden sich die Hauspreise auf einem höheren Niveau stabilisieren, und die Finanzinstitute könnten einen Teil ihrer Verluste bei Wohnbauhypotheken und Wertpapieren wieder gutmachen.

Es entbehrt nicht einer gewissen Ironie, dass ausgerechnet die GSE, die den eigentlichen Kern des Problems bilden, einen Lösungsweg aufzeigen sollen. Langfristig gesehen sollten die GSE aufgelöst und ihr Portfolio sollte schrittweise liquidiert werden. Man sollte sie in eine staatliche Agentur umwandeln, die nur noch für staatliche Hypothekengarantien zuständig ist. Wenn sich das modifizierte dänische Modell etabliert hätte, könnte sogar auf diese Funktion verzichtet werden. Mit dem neuen System wären die Anbieter von Hypothekendarlehen für die ersten zehn Prozent des Kreditrisikos verantwortlich. Dafür dürften sie eine Gebühr erheben, die sich über den Wettbewerb regeln würde. Mit zunehmender Akzeptanz des Systems würden die Anbieter möglicherweise einen Vorteil darin sehen, das Kreditrisiko komplett zu übernehmen, um sich die Gebühr für die staatliche Garantie zu sparen. Dann würde das System dem dänischen Modell noch besser entsprechen.

Die Entwicklung, dass den GSE zunächst eine wichtige Funktion zukommt, bevor sie dann immer weniger in Anspruch genommen werden, ist charakteristisch für den gesamten Prozess – um die Deflation aufzuhalten, muss man zunächst eine Inflation herbeiführen und sie dann wieder eindämmen. Dabei dürfen wir allerdings ein Problem nicht vergessen, das auch für das Scheitern des Kommunismus verantwortlich war: Der Staat zog sich eben *nicht* zurück. Dieser Rückzug sollte von Anfang an Teil des Plans sein.

Der gesamte Prozess würde sich mit Hilfe der GSE und dem neuen Konkursgesetz, das derzeit im Kongress beraten wird, umsetzen lassen. Die GSE unterstehen ohnehin bereits staatlicher Kontrolle, nun muss der Staat seine Befugnisse nur noch wahrnehmen. Das vorgeschlagene neue Konkursgesetz mit seinen Vorkehrungen, auch gegen den Willen von Gläubigern eine Schuldenregelung durchzusetzen, wird von vielen Finanzinstituten, die Hypotheken halten, aktiv bekämpft; man sollte sie jedoch davon überzeugen können, dass die meisten von ihnen von der hier vorgestellten Umstrukturierung des Hypothekensystems profitieren würden. Die Steuerzahler müssten zwar die Kosten für die Verluste durch die GSE tragen, doch wenn man die Auswirkungen auf die Immobilienpreise und die Wirtschaft bedenkt, ist das Ergebnis insgesamt wahrscheinlich positiv.

2.3 Die Rekapitalisierung des Bankensystems

Anders als beim Hypothekensystem kann ich von einem reformierten Bankensystem kein so klares Bild zeichnen, weil es keine geeigneten Vorbilder gibt. Das spanische Bankensystem hat einen noch größeren Boom im Wohnungsbau als das amerikanische Bankensystem überstanden und besitzt einige wünschenswerte Eigenschaften, doch von der aktuellen Krise wurde Spanien noch härter getroffen als die Vereinigten Staaten. Die Entwicklung des amerikanischen Bankensystems nach der Weltwirtschaftskrise kann auf keinen Fall als Vorbild dienen. Die Banken wurden in eine Zwangsjacke gesteckt, deren Fesseln erst in den 1970er-Jahren gelockert wurden. Wir müssen uns also auf völlig unbekanntes Terrain vorwagen.

In meinem vorangegangenen Buch (*Das Ende der Finanzmärkte – und deren Zukunft,* 2008) fasste ich die wichtigsten Lehren aus der aktuellen Finanzkrise zusammen: Finanzmärkte tendieren nicht zum Gleichgewicht, und Abweichungen sind nicht zufällig. Kreditexpansion und -kontraktion verhalten sich rückbezüglich auf sich selbst und treten meist in anfänglich sich selbst verstärkenden, gegen Ende jedoch sich selbst aufhebenden Boom-Bust-Zyklen auf. Daher genügt es nicht, die Geldmenge zu regulieren, man muss auch die Kreditbedingungen regulieren. Dazu müssen Instrumente reaktiviert werden, die schon lange nicht mehr gebraucht wurden: variable Margen- und Mindestkapitalanforderungen sowie Zentralbank-Direktiven für die Kreditvergabe an bestimmte Wirtschaftssektoren. Nicht nur Banken, sondern alle an der Kreditvergabe beteiligten Institute müssen reguliert werden. Das Ziel besteht darin, Stabilität zu schaffen sowie Fehlbewertungen und andere Exzesse mit sich selbst verstärkender Wirkung zu verhindern. Das Gleiche gilt für Finanzinstrumente: Sie müssen lizensiert und beaufsichtigt werden, um sicherzustellen, dass sie einheitlich und transparent sind und die Märkte nicht destabilisieren. Die Fremdkapitalaufnahme muss mit Vorsicht gehandhabt werden: Es genügt nicht, quantifizierbare Risiken einzukalkulieren; man muss auch die Unwägbarkeiten der Rückkopplungseffekte einplanen. Financial Engineering, strukturierte Finanzierung und andere Innovationen sind von zweifelhaftem Wert; wenn sie Regulierungen umgehen oder sie unwirksam machen, können sie sogar schädlich sein.

Angesichts dieser Beobachtungen ist klar, dass der Finanzsektor viel zu groß und profitabel geworden ist. Er muss in Zukunft schrumpfen und strenger kontrolliert werden. Während die Finanzmärkte international wurden, blieben die Aufsichtsbehörden national. Da wir auf die globalen Märkte nicht mehr verzichten können, müssen auch die Behörden internationaler werden. Dabei müssen die internationalen Finanzinstitutionen auf gerechtere Weise den Interessen aller ihrer Mitglieder dienen.

Seit der Veröffentlichung meines vorangegangenen Buches (*Das Ende der Finanzmärkte – und deren Zukunft,* 2008) sind die Finanzmärkte komplett zusammengebrochen und mussten künstlich am Leben gehalten werden. Zu verhindern, dass die Weltwirtschaft in eine Depression gerät, hat Vorrang vor allen anderen Überlegungen. Wie bereits festgestellt, sind zwei Schritte erforderlich, um eine Wende in der wirtschaftlichen Entwicklung herbeizuführen. Der erste Schritt besteht darin, den Zusammenbruch des Kreditwesens auszugleichen, indem man mehr Geld in Umlauf bringt, notleidende Kredite abschreibt und die Banken rekapitalisiert. Sobald die Kredite wieder fließen, muss die überschüssige Geldmenge so schnell wie möglich wieder abgezogen werden. Das bedeutet, dass die politischen Maßnahmen anfangs in die entgegengesetzte Richtung und erst einmal weg von unserem eigentlichen Ziel führen. Dennoch muss sich der erste Schritt bereits am späteren Ziel ausrichten. Leider reagierte Finanzminister Henry Paulson ungeschickt und planlos. Dadurch geriet die Situation außer Kontrolle. Nach dem Bankrott von Lehman Brothers peitschte er im Kongress ein Rettungspaket in Höhe von 700 Milliarden Dollar durch, ohne eine klare Vorstellung davon zu haben, wie man das Geld zur Rekapitalisierung der Banken einsetzen sollte. In einem Artikel, der am 1. Oktober 2008, auf dem Höhepunkt der Kongressdebatte, in der Online-Ausgabe der *Financial Times* erschien, erklärte ich meine Vorstellungen:

> Der Finanzminister sollte den Bankprüfern klare Richtlinien vorlegen, wie die Vermögenswerte bewertet werden sollen. So sollte etwa festgesetzt werden, dass Gewerbeimmobilien im Schnitt 30 Prozent ihres Wertes verloren haben. Dann sollten die Prüfer bestimmen, wie viel zusätzliches Eigen-

kapital jede Bank benötigt, um entsprechend den bestehenden Anforderungen über ausreichend Kapital zu verfügen. Wenn das Management nicht genügend Eigenkapital im privaten Sektor auftreiben kann, besteht die Möglichkeit, sich an das Finanzministerium zu wenden. Das Finanzministerium würde anbieten, wandelbare Vorzugsaktien zu zeichnen. Die Vorzugsaktien hätten eine niedrige Rendite (sagen wir fünf Prozent), damit es für die Banken profitabel wäre, weiterhin Kredite zu vergeben, die Anteilseigner müssten jedoch durch die Wandelbarkeit Werteinbußen hinnehmen. Allerdings hätten sie das Recht, nach den Bedingungen des Finanzministeriums zu zeichnen, und wenn sie ihre Rechte ausüben würden, könnten sie eine Verwässerung vermeiden. Die Rechte wären handelbar, und das Finanzministerium würde die Bedingungen so festzusetzen versuchen, dass die Rechte einen positiven Wert hätten. Private Anleger wie ich könnten Interesse daran haben, die Anteile einiger Banken zu den gleichen Bedingungen wie das Finanzministerium zu erwerben.

Nach der Rekapitalisierung würde man die Eigenkapital-Mindestanforderungen auf, sagen wir, sechs Prozent senken. Das würde die Banken zur Kreditvergabe ermuntern, weil sie auch bei einer Wertminderung ihrer Anlagen um weitere 25 Prozent noch nicht gegen die gesetzliche Eigenkapital-Mindestgrenze verstoßen würden. Sie wären bestrebt, die gegenwärtig hohen Margen für sich zu nutzen. Die Wirtschaft würde reaktiviert. Wenn alle über erhebliche Liquidität verfügen und bereit sind, sie arbeiten zu lassen, könnte schlagartig ein Ansturm auf weniger liquide Vermögenswerte einsetzen. Die Deflation würde dann vom Gespenst der Inflation abgelöst, und die Liquidität müsste der Wirtschaft so schnell wieder entzogen werden, wie sie zuvor bereitgestellt wurde. Zu diesem Zeitpunkt müsste man die Mindestanforderungen für Eigenkapital zunächst auf acht Prozent und später noch weiter hochschrauben. Auf diese Weise würde man das langfristig angestrebte Ziel erreichen, den Fremdverschuldungsgrad im Bankensystem zu reduzieren.

Wäre das Troubled Asset Relief Program, das amerikanische Rettungspaket, sofort auf diese Art umgesetzt worden, hätte man mit den dafür vorgesehenen 700 Milliarden Dollar oder sogar mit weniger das Bankensystem rekapitalisiert. Unglücklicherweise wurde die Hälfte des Geldes bereits ausgegeben, und ein Großteil der zweiten Hälfte wird dafür gebraucht werden, die größten bereits vorhandenen Löcher zu stopfen. Was damals noch möglich gewesen wäre, ist heute nicht mehr realistisch. Das charakteristische Merkmal von Finanzkrisen und anderen aus dem Gleichgewicht geratenen Situationen ist, dass Maßnahmen, die zu einem bestimmten Zeitpunkt angemessen sind, im nächsten Augenblick nicht mehr greifen.

Eine angemessene Rekapitalisierung des Bankensystems stößt derzeit auf zwei scheinbar unüberwindliche Hürden.

Zum einen hat Finanzminister Henry Paulson den Brunnen vergiftet, weil er das 700 Milliarden Dollar umfassende Rettungspaket willkürlich und planlos einforderte und umsetzte. Die Obama-Administration befindet sich nun in der misslichen Lage, dass sie den Kongress nicht so ohne Weiteres um noch mehr Geld bitten kann. Zum anderen ist das Loch in den Bilanzen der Banken seit der Einführung des Rettungspakets noch viel größer geworden. Die Vermögenswerte der Banken – Immobilien, Wertpapiere, private und gewerbliche Kredite – sind weiter verfallen, und der Marktwert der Bankaktien ist weiter gesunken. Man schätzt, dass zusätzlich ungefähr 1,5 Billionen Dollar für eine angemessene Rekapitalisierung der Banken erforderlich sind. Da die Marktkapitalisierung des Bankensystems insgesamt auf etwa eine Billion Dollar gefallen ist, droht nun die Verstaatlichung, die aber politisch – und wohl auch kulturell – nicht akzeptabel ist.

Folglich kann die Regierung notgedrungen nur die allernotwendigsten Maßnahmen ergreifen, auch wenn diese nicht genügen. Geplant ist, 100 Milliarden Dollar aus der zweiten Tranche des Rettungspakets herauszulösen und eine »Sammelbank« einzurichten, die die toxischen Vermögenswerte übernimmt. Wenn man die Kapitalausstattung dieser »Bad Bank« nun im Verhältnis von zehn zu eins durch Kredite der US-Notenbank aufstocken würde, dann würden ihr eine Billion Dollar zur Verfügung stehen. Das genügt zwar nicht, um die Bilanzen der Banken zu bereinigen und die Kreditvergabe wieder in Schwung zu bringen, würde aber immerhin eine willkommene Erleichterung bieten. Die Bad Bank könnte eine nützliche Übergangslösung sein, wenn da nicht

der Umstand wäre, dass sie einer zukünftigen angemessenen
Rekapitalisierung im Wege steht. Bei der Bewertung der toxischen Vermögenswerte wird es zahlreiche Schwierigkeiten
geben, und selbst wenn diese überwunden werden, bleibt die
Bad Bank eine versteckte Subvention für Banken, weil sie
den Wert ihrer toxischen Anlagen in die Höhe treibt. Weitere Ausgaben zur Rettung der Banken werden auf erheblichen politischen Widerstand stoßen. Das wird es in Zukunft
erschweren, zusätzliche Gelder zu mobilisieren. Es wäre scha-
de, wenn man die Bad Bank als Lösung wählen würde, vor allem, da es andere Möglichkeit gibt, die Banken mit den derzeit vorhandenen Mitteln zu rekapitalisieren.

Ich möchte diese Möglichkeit kurz vorstellen. Der Trick
besteht darin, die toxischen Vermögenswerte nicht aus den Bilanzen der Banken zu entfernen, sondern sie in eine »Seitentasche« oder einen »Beiwagen« zu packen, wie es derzeit mit
den illiquiden Vermögenswerten von Hedge-Fonds gemacht
wird. Die entsprechende Kapitalsumme – Eigenkapital und
nachrangige Schulden – würde in der Seitentasche eingelagert.
Damit wären die Bilanzen bereinigt und man hätte »Good
Banks«, die jedoch nicht über ausreichend Kapital verfügen.
Die eine Billion Dollar, die derzeit die Bad Bank finanzieren
sollen, könnten als Kapitalspritze für die Good Banks verwendet werden. Obwohl das Loch größer ist, wäre eine Billion Dollar mehr als ausreichend, weil man damit bedeutende
Summen aus dem privaten Sektor mobilisieren könnte.

In der derzeitigen Situation würde eine Good Bank
außergewöhnlich gute Gewinnspannen erzielen. Infolge des
Wettbewerbs würden die Gewinnspannen wieder schrump-

fen, aber bis dahin wäre das Bankensystem wiederbelebt und eine Verstaatlichung vermieden. Die Situation entspricht der nach einem verheerenden Wirbelsturm, wenn das Kapital der Versicherungsgesellschaften dezimiert ist, aber die Versicherungsprämien steigen, wodurch zusätzliches Kapital in die Branche fließt.

Mein Vorschlag würde die Bewertungsprobleme minimieren und versteckte Subventionen für die Banken vermeiden. Genau aus diesem Grund wird er wahrscheinlich auf erheblichen Widerstand verschiedener Interessengruppen stoßen. Verluste würden zunächst Aktionäre und Inhaber von Schuldverschreibungen treffen, erst wenn sie das Kapital der Bank übersteigen würden, müsste die Federal Deposit Insurance Corporation (FDIC), der Einlagensicherungsfonds der USA, einspringen, wie er es jetzt auch schon tut. Aktionäre würden bis auf die Zeichnungsrechte an der Good Bank große Teile ihres Geldes verlieren. Wenn es in der »Seitentasche« noch positive Werte gäbe, würden diese zum Datum der Neuemission an die Good Bank gehen, und die Aktionäre würden von jeglichem späteren Wertzuwachs profitieren. Die Tatsache, dass Inhaber von Schuldverschreibungen eventuell Geld verlieren werden, wird es für die Banken in Zukunft schwieriger machen, Schuldverschreibungen zu verkaufen. Aber das soll auch so sein: Der Fremdkapitalanteil der Banken ist zu hoch gewesen. Pensionskassen werden große Verluste erleiden; aber das ist immer noch besser, als wenn die Steuerzahler die Verluste tragen müssen.

Zusätzlich zu einer Ankurbelung der Kreditvergabe würde mein Vorschlag auch das Moral-Hazard-Problem* langfristig lösen. Die Bankenbranche ist daran gewöhnt, sich in einer Krise an den Staat zu wenden und Unterstützung mit der Begründung zu verlangen, dass das Finanzkapital geschützt werden müsse, um ein reibungsloses Funktionieren der Wirtschaft zu gewährleisten. Angesichts der Abneigung gegen Banken im Staatsbesitz hat dieser Erpressungsversuch bisher immer funktioniert. Deshalb wurde die Spekulationsblase so groß. Die Obama-Administration muss der Erpressung widerstehen und den hier vorgestellten Plan als Auftakt zur Schaffung eines besseren Finanzsystems umsetzen. Unsere Zukunft hängt davon ab.

2.4 Eine innovative Energiepolitik

Bei der Bekämpfung der Rezession und Deflation könnte die Energiepolitik eine viel innovativere Rolle spielen als bisher. Die amerikanischen Verbraucher können nicht mehr länger als Motor der Weltwirtschaft fungieren, wir brauchen einen neuen Motor. Alternative Energien und Energieeinsparungen könnten ein derartiger Motor sein, aber nur, wenn der Preis für konventionelle Treibstoffe hoch genug gehalten wird, um Investitionen in diesem Bereich zu rechtfertigen. Die Investitionen könnten auch dazu beitragen, die Preisdeflation zu mildern. Ein hoher Preis bei konventionellen Treibstoffen wäre in beiderlei Hinsicht von Nutzen, allerdings wä-

---

*   Ursprünglich ein versicherungstechnischer Begriff: Jemand, der gegen ein bestimmtes Risiko versichert ist, verhält sich anders, als wenn er dem Risiko voll ausgesetzt wäre.

re es schwierig, die Öffentlichkeit davon zu überzeugen. Bis jetzt hat sich noch kein US-Politiker so weit vorgewagt.

Präsident Obama wird viel Mut und Geschick brauchen, um das Richtige zu tun. Dazu würde gehören, ein gewisses Mindestpreisniveau für fossile Brennstoffe durchzusetzen. Das wäre möglich durch:

1. Gebühren für den Kohlendioxidausstoß durch a) die Einführung einer CO_2-Steuer oder b) die Versteigerung von Verschmutzungsrechten (ersteres wäre effizienter, das zweite politisch leichter durchführbar).
2. Einfuhrzölle auf Öl, um den Preis in den USA über, sagen wir, 70 Dollar pro Barrel zu halten.

Der Erlös aus den Gebühren für den Kohlendioxidausstoß sollte komplett und bereits vorab an die Haushalte gehen. Damit ließen sich die höheren Energiekosten kompensieren, außerdem fände das Programm dann hoffentlich eine breitere politische Akzeptanz. Die Erlöse würden zudem als vorübergehender fiskalischer Anreiz dienen, der derzeit dringend gebraucht wird, auch wenn wahrscheinlich ein Großteil des Geldes von den Verbrauchern nicht ausgegeben, sondern gespart werden würde. Mit der Zeit müssten die Gebühren für den Schadstoffausstoß so weit steigen, dass sich die Kohlendioxidsequestrierung* lohnt. Das ist unabdingbar, wenn wir den Klimawandel unter Kontrolle bringen wollen, denn derzeit gibt es keinen angemessenen Ersatz für Kohlekraftwerke.

---

* Abscheidung und unterirdische Einlagerung von CO_2.

Um Investitionen in alternative Energieträger und energiesparende Geräte zu fördern, muss man die Öffentlichkeit davon überzeugen, dass die Energiekosten für einige Zeit hoch bleiben werden. Schließlich würden die Energiekosten mit dem Voranschreiten der neuen Technologien auf der Erfahrungskurve wieder sinken. Allerdings können wir uns nicht allein auf den Preismechanismus verlassen, um die Entwicklung neuer Technologien zu gewährleisten, wir benötigen außerdem Steuervergünstigungen, Subventionen, Schadstoffgrenzwerte für Autos und Bauvorschriften. Doch auch dann müssen Gebühren für CO_2-Emissionen erhoben werden, nur so können wir Energiesicherheit und die Eindämmung der globalen Erwärmung erreichen. Die USA können das nicht im Alleingang schaffen, allerdings müssen sie die Vorreiterrolle übernehmen, sonst gelingt es nicht.

2.5 Die Reform des internationalen Finanzsystems

Das Schicksal der Vereinigten Staaten ist eng mit dem der übrigen Welt verknüpft. Das internationale Finanzsystem, das sich seit den 1980er-Jahren entwickelt hat, wurde von den USA und dem Washington Consensus* dominiert. An-

---

*   Internationale Leitlinie, wonach internationale Finanzorganisationen Kredite nur solchen Ländern gewähren sollen, deren Politik vor allem auf Rechtssicherheit, Freisetzung der Marktkräfte, eine soziale Grundsicherung, eine breite Streuung der Einkommen und ein Mindestmaß an Chancengleichheit gerichtet ist.

statt gleiche Voraussetzungen für alle zu schaffen, wurden die USA zum Nachteil der Länder an der Peripherie bevorzugt. Die USA verfügen über ein Vetorecht bei den internationalen Finanzinstitutionen – dem Internationalen Währungsfonds (IWF) und der Weltbank. Die Länder an der Peripherie müssen sich der vom Washington Consensus diktierten Marktdisziplin unterwerfen, die USA nicht. Dadurch waren die Peripherie-Länder einer Reihe von Finanzkrisen ausgesetzt und gezwungen, eine prozyklische Finanzpolitik zu betreiben. Die USA dagegen konnten die Ersparnisse der übrigen Welt aufsaugen, was für ein ständig wachsendes amerikanisches Leistungsbilanzdefizit sorgte. Diese Entwicklung hätte sich vielleicht immer weiter fortgesetzt, weil die Bereitschaft der USA, ein chronisches Leistungsbilanzdefizit auszuweisen, von der Bereitschaft anderer Länder getragen wurde, einen Leistungsbilanzüberschuss zu produzieren. Doch das Platzen der Wohnimmobilienblase in den USA, das die Überschuldung der Privathaushalte offenlegte, setzte dieser Entwicklung ein Ende.

Die aktuelle Finanzkrise befördert die Ungerechtigkeit dieses Systems zutage, denn die Krise nahm zwar in den USA ihren Ausgang, richtet aber in den Ländern der Peripherie größeren Schaden an als im Zentrum. Dieser Schaden für die Peripherie entwickelte sich erst kürzlich im Gefolge der Pleite von Lehman Brothers. Seine Bedeutung wurde noch nicht vollständig erkannt. Die Länder im Zentrum konnten wirksame Garantien für ihre Banken abgeben, die Länder der Peripherie können jedoch keine ähnlich überzeugenden Garantien bieten. Infolgedessen kommt es an der Peripherie zu einer Kapitalflucht. Fällige Darlehen sind schwer zu refinanzieren, und die Exporte leiden unter den ausbleibenden Handelskrediten.

IWF und Weltbank stehen nun vor einer völlig neuen Aufgabe: Sie müssen die Länder der Peripherie vor einem Sturm schützen, der sich im Zentrum zusammengebraut hat, genauer gesagt, in den USA. Die Zukunft der internationalen Finanzinstitutionen hängt davon ab, wie gut sie diese neue Aufgabe meistern. Wenn sie keine ausreichende Unterstützung leisten können, werden sie an Bedeutung verlieren. Globale, multilaterale Vereinbarungen drohen sich aufzulösen, wodurch die Finanzkrise die Welt in Chaos und Depression stürzen könnte.

Umfassende Hilfe ist nötig, um

- die Finanzsysteme der Peripherie-Länder zu schützen, auch die Handelskredite, und
- ihren Regierungen die Umsetzung einer antizyklischen Finanzpolitik zu ermöglichen.

Der Schutz der Finanzsysteme erfordert umfangreiche finanzielle Notfallhilfen, die kurzfristig und für einen relativ begrenzten Zeitraum verfügbar sind. Der zweite Punkt, die antizyklische Finanzpolitik, benötigt dagegen eine langfristige Finanzierung.

Als die unerwünschten Nebenwirkungen der Pleite von Lehman Brothers in den Ländern der Peripherie zutage traten, richtete der IWF ein neues Programm für schnelle Finanzhilfe (Short Term Liquidity – STL) ein. Im Rahmen dieses Programms können Länder, deren finanzielle Situation ansonsten stabil ist, ohne Konditionalität drei Monate lang den fünffachen Betrag ihrer Quote* an Krediten aufnehmen. Doch das Programm ist zu klein, um von großem Nutzen zu sein, vor allem haftet dem Rückgriff auf IWF-Gelder nach wie vor ein Stigma an. Selbst wenn das Programm funktionieren würde, würde die Hilfe für die finanziell stabileren Länder die Situation für die instabilen Länder noch verschlechtern. Die Länder an der Peripherie zu unterstützen, damit sie eine antizyklische Politik betreiben können, wurde nicht einmal in Erwägung gezogen.

Tatsache ist jedoch auch, dass dem IWF nicht genügend Geld für sinnvolle Hilfeleistungen zur Verfügung steht. Seine ungefähr 200 Milliarden Dollar an ungebundenen Mitteln reichen angesichts der potenziellen Anforderungen bei Weitem nicht aus. Was ist also zu tun? Die einfachste Lösung besteht darin, mehr Geld zu schöpfen. Der Mechanismus zur Ausgabe von Sonderziehungsrechten (SZR)** existiert bereits. Um ihn in Gang zu setzen, ist lediglich die Zustimmung von 85 Prozent der Stimmrechtsanteile der IWF-Mitglieder erforderlich. In der Vergangenheit spielten die USA die Rolle des Verweigerers. Die zusätzliche Geldschöpfung ist die richtige Reaktion auf den Zusammenbruch des Kreditwesens. So

---

*   Rechnungseinheit des IWF, mit deren Hilfe die Einlageverpflichtungen, die Ziehungs- und die Stimmrechte jedes Mitgliedslandes errechnet werden.
**   Sonderziehungsrecht (SZR): 1969 vom IWF geschaffene künstliche Währungseinheit, die aus einem Korb verschiedener Leitwährungen (US-Dollar, Euro, Britisches Pfund und Japanischer Yen) gebildet wird. Ihr Zweck ist, in wirtschaftlich schwierigen Zeiten zusätzliche Liquidität zu schaffen, indem vom IWF den Mitgliedsländern SZR zugeteilt werden, für die sie Devisen oder Edelmetalle erwerben können.

verfahren die USA auch im eigenen Land. Warum also nicht auf internationaler Ebene?

Ironischerweise hätten Sonderziehungsrechte bei der Bereitstellung zusätzlicher kurzfristiger Liquidität keinen sonderlichen Nutzen, aber sie wären überaus hilfreich, um den Ländern der Peripherie die Umsetzung antizyklischer Maßnahmen zu ermöglichen. Das könnte dadurch erreicht werden, dass die reichen Länder ihre Zuteilungen den armen Ländern leihen oder, besser noch, spenden würden. Der Vorteil wäre, dass die internationalen Finanzinstitutionen die Kontrolle über die Auszahlung der geliehenen oder gespendeten Mittel behielten und dafür sorgen könnten, dass sie in Übereinstimmung mit den Programmen zum Abbau der Armut ausgegeben werden, die auf Geheiß der Weltbank bereits vorbereitet wurden. Davon würden vor allem ärmere Länder profitieren, die aller Wahrscheinlichkeit nach am schwersten von der weltweiten Rezession getroffen werden.

Bei Umsetzung auf breitester Basis – sagen wir, etwa einer Billion Dollar – könnten die SZR einen großen Beitrag zur Bekämpfung der Rezession und zur Erreichung der Millenniums-Entwicklungsziele der Vereinten Nationen leisten. Dieser scheinbar selbstlose Akt der reichen Länder wäre aber durchaus in ihrem eigenen Interesse, denn dadurch würden die Weltwirtschaft angekurbelt und ihre Exportmärkte gestützt.

Da das SZR-Programm den Ländern an der Peripherie keine kurzfristige Liquidität verschafft, müsste diese Aufgabe mit anderen Mitteln erreicht werden, und zwar den drei folgenden:

1. Länder mit chronischen Überschüssen könnten in einen Treuhandfonds einzahlen, der das SZR-Programm ergänzt. Dies würde den Wert des SZR-Programms deutlich erhöhen, weil dadurch die Begrenzung auf das Fünffache der Quote abgeschafft würde. So darf beispielsweise Brasilien im Rahmen des SZR-Programms derzeit lediglich 23,4 Milliarden US-Dollar als Darlehen aufnehmen, obwohl die SZR-Reserven des Landes rund 200 Milliarden Dollar ausmachen. Ein flexibler gestalteter neuer Fonds würde dem SZR-Programm mehr Gewicht verleihen. Japan hat bereits 100 Milliarden Dollar in Aussicht gestellt. Andere Überschussländer würden wahrscheinlich nur etwas beitragen, wenn über die Quote neu verhandelt würde. Die Aussicht auf höhere Quoten könnte als Anreiz für einen Ergänzungsfonds dienen, der groß genug wäre, um etwas zu erreichen.

2. Die Zentralbanken der Industrieländer sollten den Entwicklungsländern zusätzliche Swap-Linien gewähren und Vermögenswerte in lokalen Währungen akzeptieren, um diese Linien effektiver zu gestalten. Der IWF könnte eine Garantie für die Vermögenswerte in den lokalen Währungen übernehmen.

3. Langfristig sollten internationale Bankenregulierungen den Kreditfluss in die Länder der Peripherie erleichtern. Kurzfristig sollten die Zentralbanken der Industrieländer Druck auf die Geschäftsbanken ausüben, damit diese ihre Kreditlinien verlängern. Die

Koordination könnte die Bank für Internationalen Zahlungsausgleich übernehmen.

Damit die Länder der Peripherie in der Lage sind, eine antizyklische Politik zu betreiben, schlage ich Folgendes vor:

1. Zusätzlich zur Überlassung ihrer Sonderziehungsrechte sollten die großen Industrieländer innerhalb vereinbarter Grenzen längerfristige, von den Ländern der Peripherie emittierte Staatsanleihen garantieren. Regionale Vereinbarungen sollten gefördert werden, solange sie sich innerhalb von internationalen Rahmenvereinbarungen bewegen. So könnten beispielsweise die Europäische Investitionsbank und die Europäische Bank für Wiederaufbau und Entwicklung in Verbindung mit dem IWF-Paket Projekte in der Ukraine finanzieren. Chinas Interesse an Afrika und anderen rohstoffproduzierenden Regionen sollte unter der Voraussetzung unterstützt werden, dass sich China an die Initiative für Transparenz in der Rohstoffwirtschaft und andere internationale Standards hält.

2. Länder mit chronischem Überschuss könnten durch zusätzliche IWF-Stimmrechte dazu gebracht werden, einen Teil ihrer Devisenreserven oder Mittel aus ihren Staatsfonds in längerfristige Staatsanleihen weniger entwickelter Länder zu investieren. Das könnte mit dem vorgeschlagenen Treuhandfonds verbunden werden, der die STL-Fazilität ergänzt.

Keine dieser Maßnahmen ist ohne die Erörterung der leidigen Frage der IWF-Länderquoten möglich. Eine Neuverteilung läge im Eigeninteresse sowohl der USA als auch der europäischen Länder, denn ohne die Abgabe einiger Stimmrechte würden die neuen reichen Länder nicht mit dem IWF zusammenarbeiten, sondern bilaterale oder regionale Abkommen eingehen und so die Bedeutung des IWF schmälern. Eine Umverteilung ist wahrscheinlich ohnehin unumgänglich, es wird jedoch lange dauern, eine Lösung zu finden. Die beste Möglichkeit wäre, Unterstützung für ein umfassendes SZR-Programm zu erhalten, indem man sich zur Eröffnung der Verhandlungen bereit erklärt. Indem Präsident Obama diesen Weg einschlägt, würde er die Erwartungen der Welt erfüllen. Der größte Widerstand wird wahrscheinlich aus Deutschland kommen, doch dieser ließe sich unter Führung der USA und mit breiter internationaler Unterstützung sicher überwinden.

Außerdem wären noch viele weitere internationale Vereinbarungen erforderlich:

- Die Regulierung der Banken muss international koordiniert werden. Das wäre die Aufgabe einer Basel-III-Vereinbarung. (Basel II wurde durch die Finanzkrise diskreditiert.)
- Auch Marktregulierungen müssen global festgelegt werden.
- Nationale Regierungen müssen ihre makroökonomischen Maßnahmen koordinieren, um starke Währungsschwankungen und andere Störungen zu vermeiden.

- Ebenso sollten Programme für die Stabilisierung der Rohstoffpreise in Erwägung gezogen werden. Sie wären vor allem für rohstoffabhängige Peripherie-Länder hilfreich und böten eine wirksame Maßnahme, den derzeit vorherrschenden weltweiten deflationären Tendenzen entgegenzuwirken.

Dies war nur eine kurze Darstellung der Maßnahmen, die unternommen werden müssen, um die Weltwirtschaft aus der Krise zu führen. Ich will damit eine Vorstellung davon vermitteln, wie schwierig diese Aufgabe ist. Noch muss sich zeigen, ob die hier vorgestellten Ideen von der Politik in die Tat umgesetzt werden.

Kapitel 3

Meine Prognose für das Jahr 2009

Die Zukunft der Weltwirtschaft hängt sehr davon ab, ob Präsident Obama so umfassende und zusammenhängende Maßnahmen erlassen wird, wie ich sie hier vorgestellt habe. Fast ebenso wichtig ist die Reaktion Chinas, Europas und anderer wichtiger Player. Wenn die internationale Zusammenarbeit gut funktioniert, kann die Weltwirtschaft vielleicht schon wieder Ende 2009 ihre tiefe Talsohle verlassen. Ohne einen koordinierten Ansatz wird der Niedergang noch wesentlich länger anhalten und in ein wirtschaftliches und politisches Chaos münden. Und selbst bei einer hervorragenden Zusammenarbeit werden wir aller Wahrscheinlichkeit nach einige wilde Marktschwankungen erleben.

Das Gleichgewicht lässt sich nicht auf einen Schlag wiederherstellen. Das ist ein Prozess mit mindestens zwei Phasen: Zunächst muss viel Geld in die Wirtschaft gepumpt werden, um den Zusammenbruch des Kreditwesens auszugleichen; dann, wenn die Kredite wieder fließen, muss dem System die Liquidität wieder fast so schnell entzogen werden, wie sie bereitgestellt wurde. Wie bereits erwähnt, ist der zweite Schritt technisch und politisch schwieriger als der erste: Dem amerikanischen Kongress fällt es viel leichter, Geld bereitzustellen, als die Steuern zu erhöhen. Daher ist es umso wichtiger, dass die Rettungspakete in relativ produktive Investitionen fließen. Die Rettung der Automobilindustrie muss die Ausnahme sein, nicht die Regel.

3.1 Das Agency-Problem

In den kommenden beiden Jahren wird die Regierung eine unverhältnismäßig große Rolle in der Wirtschaft spielen, weil sie nahezu die einzige Finanzierungsquelle darstellt. Der Staat wird einen bedeutenden Teil des Bankensystems und über die Banken einen erheblichen Anteil an Gewerbeimmobilien übernehmen. Auch in der Automobilindustrie wird er das Sagen haben, hoffentlich jedoch nicht in allzu vielen weiteren Branchen. In den Wohnimmobilienmarkt wird er auf jeden Fall verwickelt sein. Dadurch entsteht ein gigantisches Agency-Problem – ein Problem, das entsteht, wenn Treuhänder ihre eigenen Interessen über die der Auftraggeber stellen. Das Agency-Problem führte den Sozialismus und Kommunismus ins Verderben. In einer idealen Welt würden die Menschen leisten, was sie können, und erhalten, was sie brauchen, doch in der Praxis neigen die Mächtigen dazu, ihre eigenen Bedürfnisse und die ihrer Angehörigen über die der anderen zu stellen. Ironischerweise war das Agency-Problem auch ein wichtiger Faktor beim Zusammenbruch des Immobilienmarkts in den USA. Als die Investmentbanker aus risikoreichen Hypotheken CDO schnürten, dachten sie, sie würden so das Risiko durch Streuung mindern; tatsächlich jedoch schufen sie zusätzliche Risiken, indem sie die Interessen der Agenten von den Interessen der Eigentümer trennten.

Für das Agency-Problem gibt es keine einfache Lösung. Transparenz und Rechenschaftspflicht sind hilfreich, doch dies sind allgemeine Oberbegriffe, und der Teufel steckt im Detail. Wir haben Glück, dass eine Regierung, die nicht an die Handlungsmacht des Staates glaubte, von einer Regierung abgelöst wurde, die das tut. Präsident Obama hat eine Welle der Begeisterung geweckt und kann diese hoffentlich in eine Stimmung umwandeln, die in Zeiten der Krise den Dienst an der Öffentlichkeit obenan stellt und sich mit dem Gemeinwohl identifiziert. Doch selbst dann birgt die überdimensionierte Rolle des Staates eine große Gefahr für die politische und wirtschaftliche Zukunft des Landes. Ich möchte nur an Italien in der Zwischenkriegszeit erinnern, das faschistisch wurde und am Ende fast die gesamte Schwerindustrie verstaatlicht hatte. Banken in staatlicher Hand sind immer noch besser als ein Bankensystem, das nicht funktioniert, dennoch sollte das nur ein vorübergehender Zustand sein, weil sich das Agency-Problem im Lauf der Zeit noch verschlimmert.

Die Rekapitalisierung des Bankensystems und die Neuordnung der Immobilienfinanzierung sollten so weit wie möglich strikten Regeln folgen. Die Finanzbehörden – insbesondere das Finanzministerium und die Notenbank – haben es sich mittlerweile zur Tradition gemacht, in Krisensituationen willkürlich und heimlich zu agieren. Das ist notwendig, damit Krisen nicht außer Kontrolle geraten. Aber unter Henry Paulson geriet die Situation trotzdem außer Kontrolle, und sein eigenmächtiges und willkürliches Handeln machte alles nur noch schlimmer. Wenn man von Fall zu Fall entscheidet, gerät man leicht unter den Einfluss von Lobbyisten und politischen Überlegungen. Die Obama-Administration muss mit dieser Tradition brechen und systemische Reformen durchführen.

3.2 Der Dollar

Das Vorhaben, Geld in die Wirtschaft zu pumpen, wird in zwei Bereichen auf Schwierigkeiten stoßen: bei den Devisenkursen und bei den Zinsen. In der derzeitigen Finanzkrise geriet der Dollar schon früh unter Druck, erlebte aber eine starke Erholung, als sich die Krise zuspitzte. Zu spät erkannte ich, dass die Stärke des Dollars in der zweiten Hälfte des Jahres 2008 nicht auf dem verstärkten Wunsch basierte, Dollars zu besitzen, sondern auf den zunehmenden Schwierigkeiten, Dollars zu leihen. Europäische und andere internationale Banken hatten viele auf Dollar lautende Vermögenswerte erworben, die sie bislang über Interbankengeschäfte finanziert hatten. Als der Markt einbrach, waren sie gezwungen, Dollars zu kaufen. Gleichzeitig besaßen Peripherieländer viele auf Dollar lautende Verbindlichkeiten, die sie zurückzahlen mussten, als sie sie nicht umschulden konnten.

Russland und die osteuropäischen Länder am Rand der Eurozone waren stärker an den Euro gebunden. Aber als der russische Markt zusammenbrach, wirkte sich das dennoch in gleicher Weise auf den Dollar aus, weil die russische Zentralbank zu viele Euro gekauft hatte und diese verkaufen musste, um den Rubel zu stützen.

Der Trend kehrte sich Ende 2008 vorübergehend um, als die US-Notenbank die Zinssätze praktisch auf null senkte und die Politik des »Quantitative Easing« verfolgte. Der Euro erholte sich schlagartig, allerdings währte die Kurserholung nicht lange, da die Eurozone mit ihren eigenen internen Schwierigkeiten zu kämpfen hatte. Die Unruhen in Griechenland lenkten den Blick auf die Not in den südeuropäischen Ländern – Spanien, Italien und Griechenland – und die Situation in Irland. Die CDS-Raten für diese Länder stiegen, ihre Bonität wurde herabgestuft, und die Rendite für ihre Staatsanleihen entfernte sich alarmierend weit von der Deutschlands. Von Jahresbeginn 2009 an verlor der Euro an Wert und wurde darin vom britischen Pfund sogar noch überholt.

Dass Deutschland und die Europäische Zentralbank eine andere Sichtweise der globalen Wirtschaftskrise vertreten als der Rest der Welt, wird wahrscheinlich noch für starke Devisenkursschwankungen sorgen und einer Erholung im Weg stehen. Die Europäische Zentralbank arbeitet mit asymmetrischen Richtlinien: Sie ist verpflichtet, sich nur um die Aufrechterhaltung der Preisstabilität zu kümmern, nicht um Vollbeschäftigung. In Deutschland ist die Erinnerung an die galoppierende Inflation in der Weimarer Republik noch sehr lebendig, die als Vorbote der NS-Diktatur gesehen wird. Beide Faktoren sprechen gegen finanzpolitische Verantwortungslosigkeit und unbegrenzte Geldschöpfung. Das sollte den Euro als Krisenwährung begünstigen, doch die internen Spannungen Europas arbeiten in die entgegengesetzte Richtung.

Es gibt keinen europaweiten Mechanismus zum Schutz des Bankensystems. Das bedeutet, dass jedes Land für sich handeln muss, allerdings ist fraglich, ob alle Länder auch dazu in der Lage sind. Ist Irland ausreichend kreditwürdig? Kann die Europäische Zentralbank die griechischen Staatsschulden auch über gewisse Grenzen hinaus lombardieren? Das Fundament des Vertrages von Maastricht ist erschüttert, und selbst Großbritannien und die Schweiz haben Probleme, ihre übermäßig gewachsenen Banken zu schützen. Während die nationalen Regulierungsbehörden versuchen, ihre eigenen Banken zu schützen, schaden sie möglicherweise den Bankensystemen anderer Länder. So sind beispielsweise österreichische und italienische Banken in Osteuropa hohen Risiken ausgesetzt. Die Royal Bank of Scotland, deren Hauptaktionär mittlerweile die britische Regierung ist, engagiert sich in erster Linie im Ausland; und ein erheblicher Anteil der Immobilien in Großbritannien wurde über ausländische Banken finanziert. Letzten Endes werden sich die verschiedenen nationalen Behörden gegenseitig schützen müssen, doch erst eine gemeinsame Bedrohung wird sie dazu bringen.

Vermögende werden sich auf der Suche nach Sicherheit immer mehr Yen und Gold zuwenden, doch könnten sie – eher beim Yen als bei Gold – auf Widerstand seitens der Behörden stoßen. Und es wird zu einem Tauziehen zwischen denjenigen kommen, die nach Sicherheit streben, und jenen, die ihre Reserven einsetzen müssen, um ihre Unternehmen zu retten. Bei all diesen widerstreitenden Kräften müssen wir uns auf starke Währungsschwankungen einstellen.

3.3 Zinssätze

Wie bereits erwähnt, führt der Weg aus der Deflationsfalle zunächst über eine Inflation und ihre anschließende Eindämmung. Das ist eine komplizierte Operation, deren Erfolg bei weitem nicht garantiert ist. Sobald die wirtschaftliche Aktivität in den USA wiederauflebt, werden die Zinsen für Staatsanleihen in die Höhe schießen; die Zinsertragskurve wird diese Entwicklung vermutlich bereits vorwegnehmen. So oder so wird ein Anstieg der langfristigen Zinssätze den Aufschwung wahrscheinlich abwürgen. Die Aussicht auf die stark erhöhte Geldmenge, aus der sich eine Inflation entwickelt, wird wohl zu einer Periode der Stagflation führen. Das wäre jedoch ein Luxusproblem und durchaus wünschenswert, weil so eine längere Depression verhindert würde.

Die Vorstellung, dass die US-Wirtschaft in den kommenden zehn Jahren eine Wachstumsrate von drei Prozent oder mehr aufweist, fällt zwar schwer, dennoch ist diese Entwicklung möglich. Die Vereinigten Staaten haben bislang ein chronisches Leistungsbilanzdefizit produziert, das in Spitzenzeiten über sechs Prozent des BIP betrug. Das wird verschwinden, stattdessen werden die USA eine schwere Bürde an Auslandsschulden schultern müssen, die durch die Haushaltsdefizite der nächsten Jahre weiter anschwellen wird. Der Anteil des Konsums am BIP muss sinken. Der Finanzdienstleistungssektor, der bisher das am schnellsten wachsende Wirtschaftssegment darstellte, wird schrumpfen. Leider haben wir es zudem mit einem ungünstigen demografischen Trend zu tun, da die geburtenstarken Jahrgänge zunehmend das Rentenalter erreichen. All das sind negative Einflüsse.

Doch wir können auch positive Entwicklungen erwarten: eine gerechtere Einkommensverteilung, sowohl national als auch international. Bessere Sozialleistungen einschließlich einer verbesserten Bildung. Eine konstruktive Energiepolitik mit umfangreichen Investitionen in alternative Energien und Energiesparmaßnahmen. Geringere Militärausgaben. Ein schnelleres Wachstum in den Entwicklungsländern, das die Exportmärkte stärkt und bessere Investitionsmöglichkeiten eröffnet. Doch selbst mit einer optimalen Politik wird das Binnenwachstum in den USA wahrscheinlich der globalen Wirtschaft hinterherhinken. Wenn ich zwischen den verschiedenen Formen wählen müsste, die eine Rezession annehmen kann, würde ich mich für ein umgekehrtes Wurzelzeichen

entscheiden, bei dem der tiefste Punkt Ende 2009 erreicht wäre.

3.4 China

Unter den Entwicklungsländern ist China der wichtigste Faktor. Von der Globalisierung hat China am stärksten profitiert. Entsprechend schwer wurde die Volksrepublik vom Rückgang der Exporte getroffen, der sich auf den Konsum im eigenen Land ausgeweitet hat. Das chinesische Finanzsystem wurde von den globalen Turbulenzen jedoch kaum in Mitleidenschaft gezogen, derzeit verfügt China über die größten Währungsreserven weltweit. Dadurch steht der chinesischen Regierung eine größere Auswahl an finanzpolitischen Maßnahmen zur Verfügung als den meisten anderen Ländern.

Die Entscheidungen Chinas werden sich auf die Zukunft der Weltwirtschaft fast ebenso stark auswirken wie die von Präsident Obama. Weltweit kommt den bilateralen Beziehungen zwischen China und den Vereinigten Staaten die größte Bedeutung zu. China hat ein enormes Interesse am Wohlergehen der Weltwirtschaft. Darauf kann Präsident Obama bei der Neugestaltung des internationalen Finanzsystems bauen, allerdings ist auf beiden Seiten viel Einfühlungsvermögen und Weitblick erforderlich.

Die Entstehung einer neuen Weltmacht ist ein sehr gefährlicher Vorgang. Zweimal entwickelte sich daraus ein Weltkrieg, in dem die aufstrebende Macht geschlagen wurde. Der friedliche Machtübergang vom britischen Empire auf die USA bildet dabei eine Ausnahme, allerdings sprechen beide Mächte dieselbe Sprache. Die USA und China haben eine ganz unterschiedliche Sprache und Kultur. Im Westen betrachtete man China lange mit einer Mischung aus Furcht und Misstrauen. China darf keine Mühen scheuen, um akzeptiert zu werden, wenn es die führende Weltmacht werden will. Das Land hat die Doktrin der harmonischen Entwicklung übernommen, was der richtige Ansatz ist, verfolgt aber beispielsweise in Hinblick auf Taiwan und Tibet eine kontraproduktive Politik. Aufgrund der fehlerhaften Politik der Regierung Bush und dem Platzen der Superblase erlangte China zu früh zu große Macht. Für eine konstruktive Partnerschaft müssen beide Seiten Zugeständnisse machen. Präsident Obama muss China als gleichberechtigten Partner behandeln, und China muss die fortgesetzte amerikanische Führung akzeptieren. Das wird für keine Seite einfach.

Für China steht viel auf dem Spiel. Im Land herrscht keine Demokratie, und es gibt kein etabliertes Verfahren für einen Machtwechsel. Wenn ein zufriedenstellendes Wirtschaftswachstum ausbleibt – das allgemein mit acht Prozent im Jahr definiert wird –, könnte es leicht zu politischen Unruhen kommen, und diese politischen Unruhen hätten verheerende Folgen für die ganze Welt. Zum Glück hat China ein Beratungsmodell entwickelt, das zwar nicht demokratisch ist, aber den beteiligten Interessengruppen ein politisches Mitspracherecht einräumt. Allerdings hat diese Form der Konsensbildung den gravierenden Nachteil, dass sie langsam und schwerfällig ist, daher besteht die Gefahr, dass die chinesische Regierung nicht schnell genug Maßnahmen gegen den plötzlichen Absturz der Weltwirtschaft ergreift. Auch hier könnte sich die starke Führung der neuen Obama-Administration günstig auswirken. Ich rechne damit, dass China eine kurze, aber heftige Rezession erleben wird, die

Mitte 2009 ihren Tiefpunkt erreicht. Danach wird sich die chinesische Wirtschaft wieder rasch erholen und für 2009 insgesamt eine Wachstumsrate von acht Prozent erreichen.

3.5 Der indische Subkontinent

Indien ist stärker in sich geschlossen als China und sollte daher weniger Schwierigkeiten haben, seinen wirtschaftlichen Aufwärtstrend fortzusetzen. Der ausbleibende inflationäre Druck sollte den Rückgang der Exporte teilweise ausgleichen. Der indische Aktienmarkt wurde härter getroffen als die Märkte der meisten anderen Länder, aber das indische Finanzsystem, das sich immer noch größtenteils unter staatlicher Kontrolle befindet, wurde weniger in Mitleidenschaft gezogen. Die Geldanweisungen aus den Golfstaaten werden zurückgehen, und das Outsourcing-Geschäft wird geschwächt werden; es bleibt zu hoffen, dass die Investitionen in die Infrastruktur, bei denen Indien einen großen Nachholbedarf hat, weiter fortgesetzt werden. Die makroökonomischen Aussichten sind für Indien günstiger als für die meisten anderen Länder. Die größten Unsicherheiten liegen im politischen Bereich und haben mit Pakistan zu tun.

Pakistan ist ein scheiternder Staat. Bestimmte Teile des Militärs und der Geheimdienste pflegen enge Kontakte zum Terrorismus, und es besteht die Gefahr, dass diese die Oberhand gewinnen. Die Terroranschläge vom 26. November 2008 in Bombay wurden perfekt geplant und durchgeführt und erfolgten zum passenden Zeitpunkt. Vielleicht steckt

81

nicht dieselbe Gruppierung dahinter wie hinter den Anschlä-
gen vom 11. September, doch die Denkweise ist die gleiche.
Die Anschläge in Indien erfolgten kurz vor den Wahlen und
sollten Indien und Pakistan gegeneinander aufbringen, um
den Einfluss der Islamisten in Pakistan zu erhalten oder sogar so zu festigen, dass diese die Kontrolle im Staat übernehn-
men können. Die Lage ist äußerst kompliziert und bedeutet für die Obama-Administration die größte diplomatische
und sicherheitspolitische Herausforderung. Die Regierung
Bush ließ zu, dass alle Beteiligten gegeneinander Stellung be-
zogen: Pakistan gegen Indien und Afghanistan; das Militär
gegen die pakistanische Regierung; Nawaz Sharif gegen Asif
Ali Zardari. Dazu kommen noch die verschiedenen Stämme,
die vom Militär für den Kampf gegen die Taliban bewaffnet
wurden und möglicherweise anfangen, sich gegenseitig zu be-
kriegen. Die Obama-Administration steht nun vor der Aufgabe, die verschiedenen Gruppen zum Kampf gegen den gemeinsamen Feind, die islamistischen Terroristen in Pakistan,
zu einen.

Die Probleme Pakistans sind eng mit den Problemen Af-
ghanistans verknüpft. Ursprünglich wurden die amerikanischen Truppen, die in Afghanistan einmarschierten, als Be-
freier begrüßt; und auch der politische Übergang war mit der
Loja Dschirga (verfassungsgebenden Versammlung) gut vorbereitet. Doch die NATO verfügte über keinen konkreten
Plan für ihr Engagement, und nach acht Jahren sind die ausländischen Truppen im Land nun nicht mehr willkommen.
Ein neuer NATO-Plan sollte einen geordneten Truppenab-
zug beinhalten, aber der ist nicht möglich, solange Al-Qaida

und die Taliban immer stärker werden. Andererseits können sie ohne die aktive Unterstützung der einheimischen Bevölkerung nicht besiegt werden. Vor diesem Dilemma steht nun die neue Regierung. Im Wesentlichen sind es drei Hindernisse, die einem Erfolg im Wege stehen: der Drogenkrieg, der die einheimische Bevölkerung gegen die Besatzungsmächte aufbringt, die Existenz eines sicheren Zufluchtsortes in den Stammesgebieten Pakistans und der Legitimitäts- und Popularitätsverlust von Hamid Karzais Regierung. Die Lage ist nicht aussichtslos, erfordert jedoch außergewöhnliches Geschick und besondere Hartnäckigkeit.

3.6 Die ölproduzierenden Länder

Für die ölproduzierenden Länder hat sich das Blatt abrupt gewendet. Ihre Überschüsse haben sich in Defizite verwandelt, und ihre staatlichen Fonds und Währungsreserven haben erhebliche Verluste erlitten. Die Golfstaaten wurden schwer getroffen, denn ihr privater Sektor war einschließlich einiger Banken stark überschuldet. In Dubai gab es die spektakulärste Immobilienblase der Welt, nun wird das Emirat wohl auf die Unterstützung Abu Dhabis angewiesen sein.

Für die übrige Welt haben die Nöte der Ölförderländer nicht unbedingt negative Auswirkungen. Einige Länder mit großen Ölvorkommen, insbesondere der Iran, Venezuela und Russland, stehen der gegenwärtigen Weltordnung feindselig gegenüber, und nun sind ihnen die Flügel gestutzt – wenn das Barrel Öl nur 40 Dollar kostet, ist es schwierig, die Bo-

83

livarische Revolution zu unterstützen. Dass der Iran immer weniger in der Lage ist, extremistische und terroristische Bewegungen in den Nachbarländern zu fördern, zeigt bereits erste positive Auswirkungen. Im Irak scheinen sich die politische Situation und die Sicherheitslage zu stabilisieren, und Syrien wirkt empfänglicher für Verhandlungen. Die Chancen stehen gut, dass der iranische Präsident Mahmud Ahmadinedschad im Juni 2009 nicht wiedergewählt wird und stattdessen eine etwas vernünftigere Regierung ans Ruder kommt, die sich verhandlungsbereiter zeigt.

Auch im Nahen Osten schienen die Dinge langsam in Bewegung zu kommen und ließen auf eine Beilegung des palästinensisch-israelischen Konflikts hoffen, bis es am 27. Dezember 2008 zum Angriff der Israelis auf den Gazastreifen kam, der gleichsam das letzte Aufbäumen des militanten Ansatzes der Bush-Ära darstellte. Hatte man bislang den Eindruck gehabt, die Situation würde sich bessern, wurde die Lage nun mit einem Mal kritisch. Israel wollte die Hamas militärisch treffen, doch die zahlreichen zivilen Todesopfer wirkten sich negativ auf die öffentliche Meinung aus, was die Angst vor zivilen Unruhen in Ägypten und anderen muslimischen Ländern schürte. Die ersten Schritte von Barack Obama, etwa die Ernennung George Mitchells als Sonderbeauftragten für den Nahen Osten und Obamas Interview auf al-Arabiya, signalisierten unmissverständlich, dass er einen anderen Weg gehen will.

Anders als Venezuela und der Iran könnte sich Russland angesichts sinkender Öleinnahmen zu einer Bedrohung entwickeln. Unter Wladimir Putin hat der Nationalismus den

Kommunismus als führende Ideologie des Landes abgelöst. Der Kreml nutzt seine Kontrolle über die natürlichen Ressourcen, um Russlands Stellung als politische Macht wiederzubegründen, sich selbst zu bereichern und die Kontrolle über die Öl- und Gasvorkommen in den ehemaligen Sowjetrepubliken mittels Bestechung der dortigen Machthaber zu erlangen. Die verschiedenen Ziele verstärken einander gegenseitig; gemeinsam stellen sie die neue Ordnung dar – eine Pseudodemokratie, aufgebaut auf Ölpatronage.

Unter Putin konzentriert sich die Wirtschaftsmacht auf zwei Gruppen: diejenigen, die Besitz erworben haben, und diejenigen, die sich einen Teil vom Kapitalzufluss abzweigen. Insgesamt ist die erste Gruppe kultivierter und orientiert sich mehr Richtung Westen; sie legt ihr Geld im Ausland an und lässt dort auch ihre Kinder ausbilden. Die zweite Gruppe nutzt die willkürliche Macht des Staates auf direkte Weise für sich. Die erste Gruppe wurde durch die Finanzkrise dezimiert, die zweite blieb relativ unbehelligt. Das hat zur Folge, dass die Tendenz des Staates, willkürliche Macht auszuüben, anstatt die Geltung von Recht und Gesetz durchzusetzen, gestärkt wurde. So wurde etwa ein Großteil der offiziellen Währungsreserven darauf verwendet, die Vermögenswerte der ersten Gruppe zu übernehmen.

Angesichts der sich verschlechternden wirtschaftlichen Aussichten wird das Putin-Regime nicht mehr länger in der Lage sein, die wirtschaftlichen Erwartungen der russischen Bevölkerung zu befriedigen, und sich daher aller Wahrscheinlichkeit nach noch aktiver auf die staatliche Willkür stützen. Schließlich herrschen im Kreml nicht mehr die vorsichtigen Bürokraten der Sowjetära, sondern Abenteurer, die bereit waren, große Risiken einzugehen, um dorthin zu gelangen, wo sie heute sitzen. Das könnte bedeuten, dass es verstärkt zu militärischen Abenteuern im Ausland und mehr Unterdrückung im eigenen Land kommt. Vor kurzem wurden bereits zwei prominente politische Oppositionelle ermordet, außerdem liegt ein Gesetzentwurf vor, nach dem die Mitgliedschaft in einer ausländischen Nichtregierungsorganisation als Landesverrat gilt.

3.7 Europas Problem mit Russland

Aufgrund meines persönlichen Engagements sind meine Ansichten zu Russland sehr ausgeprägt. Als Michail Gorbatschow Ende 1986 Andrei Sacharow in der Verbannung in Gorki anrief und ihn bat, nach Moskau zurückzukehren, um dort seine »patriotische Tätigkeit« wiederaufzunehmen, war mir klar, dass die Sowjetunion bereit für den Wandel war. Ich besuchte das Land im Frühjahr 1987 und gründete eine Stiftung, die sich recht erfolgreich für Demokratie und eine offene Gesellschaft einsetzte. Mein Einsatz wurde sehr geschätzt und freundlich unterstützt, vor allem vom sowjetischen Außenministerium, das damals der Bereich der sowjetischen Administration war, wo man der Perestroika besonders offen gegenüberstand. Obwohl ich zu der Zeit noch ziemlich unbekannt war, wurde ich ermutigt, eine internationale Taskforce einzurichten, die die Einrichtung eines »offenen Sektors« in der Wirtschaft vorbereitete. Das Projekt scheiterte, weil die zentrale Planwirtschaft bereits zu stark angeschlagen war, um aus eigener Kraft einen jungen Sprössling der marktorientierten Wirtschaft zu nähren.

Im Frühjahr 1989 sprach ich bei einer Ost-West-Konferenz in Potsdam, das damals noch zur DDR gehörte, und forderte einen Marshall-Plan für die Sowjetunion, der überwiegend von den europäischen Ländern finanziert werden sollte. Mein Vorschlag löste lautes Gelächter aus, vor allem bei einem Staatssekretär aus Margaret Thatchers Kabinett. Später begleitete ich eine Delegation junger Wirtschaftswissenschaftler unter Grigori Jawlinski zum alljährlichen Treffen der Weltbank und des IWF im Oktober 1990 nach Washington. Sie traten für ein 500-Tage-Programm ein (ursprünglich unter dem Namen Schatalin-Plan bekannt), laut dem die Sowjetunion aufgelöst werden und durch eine Wirtschaftsunion nach dem Vorbild des Europäischen Binnenmarktes ersetzt werden sollte. Doch für diesen Plan konnten die Wirtschaftswissenschaftler keine internationale Unterstützung gewinnen, und nach ihrer Rückkehr in die Sowjetunion entschied sich auch Gorbatschow dagegen.*

Schließlich löste sich die Sowjetunion völlig ungeordnet auf. Die Westmächte delegierten die Aufgabe, die Sowjetunion und ihre Nachfolgestaaten zu unterstützen, an den IWF, weil sie ihr eigenes Budget nicht belasten wollten. Der IWF war für diese Aufgabe nicht geeignet. Er brachte die Regierungen der Staaten, die sich an ihn um Hilfe gewandt hatten,

---

* Eine ausführlichere Darstellung bieten meine Bücher *Opening the Soviet System, London 1990, und Underwriting Democracy: Encouraging Free Enterprise and Democratic Reform among the Soviets in Eastern Europe,* New York 2004.

dazu, eine Absichtserklärung zu unterschreiben, und vertraute dann darauf, dass die Regierungen seine Programme umsetzen würden. Doch weder die Sowjetunion noch Russland (oder ein anderer Nachfolgestaat) verfügte zu der Zeit über eine funktionierende Regierung, die ein IWF-Programm hätte umsetzen können. So scheiterte ein Programm nach dem anderen, und Russland erlebte eine Zeit des politischen, wirtschaftlichen, gesellschaftlichen und moralischen Zusammenbruchs.

Meine Stiftung, die mittlerweile im gesamten ehemaligen Sowjetreich vertreten war, tat ihr Möglichstes im Bereich Kultur, Bildung, Medien, Zivilgesellschaft und Rechtsstaatlichkeit, allerdings war ihr Einfluss angesichts der enormen Probleme verschwindend gering. Die einzige Ausnahme bildete der Bereich der Wissenschaft, wo die Stiftung 30.000 namhafte Wissenschaftler unterstützte. Ein ähnliches, aber entsprechend umfangreicheres Hilfsprogramm durch den Westen wäre zu der Zeit in Russland hochwillkommen gewesen und hätte den Lauf der Geschichte verändert.

Als Wladimir Putin Boris Jelzin als Präsident ablöste, gelang es ihm, aus dem Chaos eine neue Ordnung zu schaffen, allerdings hatte diese eine starke Ähnlichkeit mit der alten Ordnung. Die Hoffnungen auf eine Demokratie westlichen Stils blieben unerfüllt. Die Westmächte hatten es versäumt, den übertriebenen Erwartungen der russischen Reformer gerecht zu werden. Tatsächlich hatte der Westen kaum etwas unternommen, geschweige denn Opfer gebracht, um westliche Werte in Russland zu etablieren, er nutzte nur die Schwäche Russlands, um seinen Einflussbereich weiter nach

Osten auszudehnen. Das ist eine historische Tatsache und hat in Russland unauslöschliche Spuren hinterlassen, was jedoch vom Westen nicht erkannt wird. Nichts, was der Westen heute unternimmt, kann die Vergangenheit ungeschehen machen. Ob zu Recht oder zu Unrecht, die russischen Herrscher und die russische Bevölkerung hegen einen tiefen Groll gegen den Westen, weil er sie in schwierigen Zeiten im Stich ließ. Und dieser Groll wird vor allem von jenen empfunden, die sich nach einer Demokratie westlichen Stils sehnten.

Das geopolitische Machtspiel des Kremls mündete im August 2008 in einen bewaffneten Konflikt mit Georgien. Die Ursachen des Konflikts reichen bis zur Rosenrevolution in Georgien 2003 zurück, auf die 2004 die ukrainische Orangene Revolution folgte. Erfolgreiche Revolten gegen korrupte und unfähige Regime stellten eine Bedrohung für die neue Ordnung in Russland dar und machten den Kreml nervös. Außerdem stand Georgien den geopolitischen Ambitionen Russlands im Weg, die Kontrolle über die ehemaligen Sowjetrepubliken wiederzuerlangen und dadurch die europäische Öl- und Gasversorgung zu steuern. Zusätzlich entwickelten Putin und der georgische Präsident Michail Saakaschwili eine starke persönliche Abneigung gegeneinander.

In Erwartung der russischen Aggression verstärkte Saakaschwili die georgischen Streitkräfte. Der Einsatz von Schmiergeldern ließ die Korruption blühen, und die Korruption zog andere Exzesse nach sich. Das Saakaschwili-Regime verlor seinen Glanz als leuchtendes Beispiel für Demokratie und eine offene Gesellschaft. Doch als Russland im Winter 2006/2007 Georgien und der Ukraine die Gasversorgung kappte – und im Falle Georgiens auch die Stromversorgung –, wehrte Georgien die Attacke erfolgreicher ab als die Ukraine. Saakaschwili wurde zum Liebling der Regierung Bush. Er wurde als Verfechter der Demokratie gepriesen, aber nie für seine Verstöße gegen die Prinzipien der Rechtsstaatlichkeit zur Verantwortung gezogen. Im Gegenteil, die Bush-Administration unterstützte aktiv Georgiens Antrag auf die Mitgliedschaft in der NATO.

Der Erfolg stieg Saakaschwili zu Kopf. Entgegen aller Ratschläge reagierte er auf die russische Provokation in Südossetien mit einer Militäroffensive im August 2008. Russland setzte eine überwältigende Übermacht ein und schlug die georgischen Streitkräfte vernichtend. Der genaue Gang der Ereignisse ist immer noch nicht bekannt, und es wäre hilfreich, wenn sich eine Untersuchungskommission der Sache annehmen würde. Nach dem derzeitigen Stand hatten die Russen einen Vorwand für ihr militärisches Eingreifen, auch wenn es sich bei den russischen Bürgern, die angeblich beschützt werden mussten, um Südosseten handelte, die erst vor kurzem die russische Staatsbürgerschaft erhalten hatten. Zusammen mit der militärischen Offensive starteten die Russen einen Propagandafeldzug und konnten so die öffentliche Meinung in Europa spalten.

Der Waffenstillstand, den Nicolas Sarkozy als EU-Ratspräsident aushandelte, erkannte die militärische Dominanz Russlands an. Demnach durften die russischen »Friedenstruppen« tief in georgisches Gebiet vordringen, wo sie verheerenden Schaden an Georgiens militärischer Infrastruktur anrichteten. Russland besetzt nun eine Position in einem erweiterten Südossetien, die direkt die Baku-Ceyhan-Pipeline bedroht und Georgiens Stellung als zuverlässiges Bindeglied zu den Öl- und Gasvorkommen in Zentralasien stark schwächt. Damit hat sich das geopolitische Gleichgewicht zugunsten von Russland verschoben. Russland hat heute mehr Macht und Einfluss in Europa als jemals während des Kalten Krieges.

Die erneute Bestätigung der geopolitischen Bedeutung Russlands und die Herausforderung des Westens erhöhten Putins Popularität bei der russischen Bevölkerung. Die Invasion in Georgien war ein politischer wie militärischer Erfolg, hatte jedoch unbeabsichtigte negative finanzielle Konsequenzen. Es kam zu einer Kapitalflucht aus Russland. Die Kurse am Aktienmarkt fielen, und der Rubel war geschwächt. In einer Zeit, in der es an den Finanzmärkten weltweit ohnehin Turbulenzen gab, waren die Folgen davon verheerend. Einschussforderungen nahmen stark zu und deckten eine verhängnisvolle Schwäche des Putin-Regimes auf: Die Geschäftsleute hatten aufgrund des Willkürcharakters kein Vertrauen in das Regime. Sie horteten ihr Geld im Ausland und betrieben ihre Geschäfte mit geliehenem Geld. Die Einschussforderungen zogen eine Flut von Zahlungsunfähigkeiten nach sich, die die wirtschaftliche Landkarte veränderten. Die Industrieproduktion geht zurück, und die Schwäche des Rubels wirkt sich negativ auf den Lebensstandard aus, da der Konsum größtenteils auf Importen basiert. Angesichts der prekären wirtschaftlichen Situation wird das Putin-Regime wahrscheinlich zunehmend aggressiv gegenüber Europa und repressiv im eigenen Land auftreten.

Wie soll Europa auf den Aufstieg eines feindseligen Russlands an seiner Ostflanke reagieren? Die einzelnen Länder haben diese Frage unter dem Einfluss ihrer historischen Erfahrungen und wirtschaftlichen Interessen bisher unterschiedlich beantwortet. Doch es ist für die Europäische Union von grundlegender Bedeutung, eine einheitliche Politik zu entwickeln, die die unterschiedlichen nationalen Interessen und Einstellungen miteinander verbindet. Europa kann es sich nicht leisten, Russlands geopolitischer Aggression keinen Widerstand entgegenzusetzen, und um eine Chance auf Erfolg zu haben, muss es einig sein. Allerdings darf diese einheitliche europäische Politik nicht rein geopolitischer Natur sein, denn dann wäre das gemeinsame Interesse nicht stark genug, um sich gegen die nationalen Interessen durchzusetzen. Russland könnte teilen und herrschen, wie es das bereits jetzt tut. Aus rein geopolitischer Sicht hat Russland die besseren Karten. Die Überlegenheit Europas gründet in seinen Werten und Prinzipien als offene, demokratische, friedliche, wohlhabende und gesetzestreue Gesellschaft. Diese Werte sind für die Menschen in der ehemaligen Sowjetunion sehr attraktiv – das gilt für die Politiker ebenso wie für die breite Masse, trotz der Tatsache, dass der Westen seine Werte und Prinzipien in der Vergangenheit nicht durch Taten bekräftigt hat. Daher sind die Bewunderung und Sehnsucht, die man den europäischen Werten entgegenbringt, mit Enttäuschung und Ablehnung durchsetzt.

Trotzdem übt Europa weiterhin eine große Anziehungskraft auf Russland aus. Historisch betrachtet wollte Russland immer zu Europa gehören, und das Putin-Regime weiß, dass es sich eine Rückkehr zur sowjetischen Isolation nicht leisten kann. Russlands gestärkte geopolitische Stellung gegenüber Europa überdeckt gravierende Schwächen in anderen Bereichen. Sein autoritäres politisches System erstickt privates Unternehmertum und Innovationen. Es gibt keine Rechtsstaatlichkeit, und auf Erpressung und Eintreibung von Geldern wird wesentlich mehr Mühe verwendet als auf die Produktion. Folglich konnte der wirtschaftliche Fortschritt nicht mit den sprudelnden Öleinnahmen Schritt halten. Durch den Rückgang der Ölpreise sind diese Schwächen noch verschärft worden.

Eine weitere große Schwäche ist demographischer Natur: Russland umfasst ein enormes Gebiet, in dem aber nur 140 Millionen Menschen leben. Ein wachsender Anteil der Bevölkerung besteht aus muslimischen Minderheiten, die höhere Geburtenraten aufweisen als die ethnischen Russen. Schätzungen zufolge wird die Gesamtbevölkerung in einem Jahrzehnt um zehn Millionen abnehmen. Das ressourcenreiche, aber dünn besiedelte Sibirien grenzt an das ressourcenarme, aber bevölkerungsreiche und aufstrebende China. Falls die zentralasiatischen Republiken vom Westen abgeschnitten werden, werden sie sich wahrscheinlich China zuwenden, um eine völlige Abhängigkeit von Russland zu vermeiden. Langfristig gesehen könnte sich Putins provokativer Umgang mit dem Westen als ebenso selbstzerstörerisch erweisen wie Saakaschwilis provokatives Verhalten gegenüber Russland. Kurzfristig besteht jedoch eine echte Gefahr, dass Russland seine uralte Sehnsucht, zu Europa zu gehören, dadurch verwirklicht, dass es versucht, dort zur dominierenden Macht aufzusteigen.

Unter diesen Umständen muss Europa eine zweigleisige Strategie verfolgen. Einerseits muss es sich vor der geopolitischen Bedrohung schützen, die vom neu erstarkten und abenteuerlustigen Russland ausgeht. Andererseits muss es versuchen, die Herrschaft der Gewalt durch die Herrschaft des Rechts zu ersetzen. An die Stelle der Geopolitik sollte das Streben nach Demokratie, einer offenen Gesellschaft und internationaler Zusammenarbeit treten. Ohne diese zweigleisige Strategie kann die Europäische Union nie zu einer gemeinsamen Politik finden. In einem rein geopolitischen Spiel gäbe es zu viele Schmarotzer und Überläufer, doch bei einem zweigleisigen Ansatz könnte jedes Mitgliedsland seinen ihm angemessenen Platz einnehmen.

Um den geopolitischen Vorteil Russlands zu neutralisieren, benötigt man eine einheitliche Energiepolitik mit einer europaweiten Regulierungsbehörde, die Vorrang vor den nationalen Regulierungsbehörden hat, und eine europaweite Netzinfrastruktur. Dann könnte Russland nicht mehr ein Land gegen das andere ausspielen, weil von den Zugeständnissen, die Russland einem Land machen würde, sofort auch die Kunden in allen anderen Ländern profitieren würden. Das wird in zunehmendem Maße auch den Energieunternehmen klar, die nun allmählich ihren Widerstand gegen eine gemeinsame europäische Energiepolitik aufgeben. Davon würde ein weiteres gemeinsames Ziel profitieren, nämlich die Eindämmung des Klimawandels.

Der zweite Ansatz, die Förderung der Rechtsstaatlichkeit, der internationalen Zusammenarbeit und der Prinzipien einer offenen Gesellschaft, muss indirekt verfolgt werden – indem man das internationale Finanzsystem reformiert und dabei den russischen Nachbarländern besondere Aufmerksamkeit zukommen lässt. Insbesondere die Ukraine ist ein gefährdeter Staat, doch die Finanzierung von Projekten, die Arbeitsplätze in der Ostukraine mit ihrer Not leidenden Stahlindustrie schaffen würden, könnte politisch und wirtschaftlich eine Menge bewirken. Auch Georgien braucht Hilfe, um sich von den Schäden nach der russischen Invasion zu erholen, doch sollte man die Hilfe davon abhängig machen, dass sich das Saakaschwili-Regime an die Grundsätze einer offenen Gesellschaft hält. Eine direkte Hilfe für Russland ist nicht möglich, da sich die Regierung zu stark auf die willkürliche staatliche Gewalt verlässt, aber wenn Russland die Fortschritte in der internationalen Zusammenarbeit insbesondere mit China erkennt, wird es nicht außen vor bleiben wollen.

Eine Stärkung und Unterstützung der ehemaligen Sowjetrepubliken würde beiden Ansätzen zu einer einheitlichen Russland-Politik dienen. Man darf nicht zulassen, dass Russland diese Länder nur aufgrund seiner militärischen Überlegenheit wieder zu Satellitenstaaten macht; das würde ganz und gar nicht den Werten einer offenen Gesellschaft entsprechen. Und Europa hat ein geopolitisches Interesse daran, sich die ehemaligen Sowjetrepubliken als Energielieferanten offen zu halten.

3.8 Europas interne Probleme

Die Finanzkrise und ihre Folgen sind eine Bewährungsprobe
für die Institutionen der Europäischen Union, die hoffentlich zu deren Weiterentwicklung führen wird. Das gilt vor allem für die finanziellen Institutionen. Sie sind relativ neu und
noch nicht vollständig entwickelt. Europa hat eine gemeinsame Währung und die Europäische Zentralbank, aber keine
gemeinsame Finanzpolitik oder gar ein gemeinsames Finanzministerium. Dieses Defizit wurde im Gefolge der Pleite von
Lehman Brothers offensichtlich, als das Vertrauen in das gesamte Bankensystem erschüttert war. Die europäischen Politiker, allen voran Gordon Brown, erkannten die Notlage,
verfügten aber nicht über den institutionellen Rahmen, um
etwas dagegen zu unternehmen. Während das jährliche Treffen des IWF noch lief, hielten die europäischen Finanzminister bereits am Sonntag, den 12. Oktober 2008 eine Not-
sitzung in Paris ab und beschlossen, eine Garantie für ihre
Finanzsysteme zu geben. Nach einer hitzigen Debatte, in der
sich Deutschland gegen eine europaweite Lösung sträubte,
entschied man, dass jedes Land für sein eigenes Finanzsystem garantieren sollte. Das war ein halbherziger Schritt in die
richtige Richtung, der eine Zeitlang funktionierte, weil man
allgemein annahm, dass zusätzliche Maßnahmen ergriffen
würden, falls er nicht ausreichte – etwa wenn Irland oder die
Schweiz in Schwierigkeiten gerieten. Es gab jedoch auch un-
erwartete und unbeabsichtigte Nebenwirkungen: Die Währungen und Anleihenmärkte der neuen Mitgliedsländer, die
den Euro noch nicht eingeführt hatten – vor allem Ungarn –,

gerieten unter großen Druck und mussten mit einem IWF-Programm und Swap-Linien von der EZB und der Bank of England gerettet werden.

Diese Entwicklung zeigt den Vorteil, der Eurozone anzugehören. Griechenland hat weniger unter der Krise zu leiden als Dänemark, obwohl seine Probleme weitaus größer sind. Die Mehrheit der Europäer glaubt nun, dass der Euro als internationale Reservewährung künftig eine wichtigere Rolle spielen wird als der Dollar. Aber seit Jahresanfang 2009 treten die Versäumnisse der europäischen finanziellen Regelungen immer deutlicher zutage. Wie bereits erwähnt, nehmen Deutschland und die Europäische Zentralbank eine radikal andere Haltung ein als die übrige Welt, was auch innerhalb Europas für politische Differenzen sorgt. Die Unterschiede bei den wirtschaftlichen und finanziellen Verhältnissen innerhalb der Eurozone, zwischen den südlichen Ländern und Irland auf der einen und Deutschland auf der anderen Seite, sind besorgniserregend. Mehrere Länder der ersteren Gruppe wurden von den Ratingagenturen heruntergestuft, und die Spanne zwischen den Zinssätzen der Staatsanleihen Deutschlands und der übrigen Länder hat sich in alarmierendem Umfang vergrößert.

Da die Regulierung der Banken nicht einer europäischen Behörde, sondern den nationalen Behörden obliegt, ist es gut möglich, dass man Politik auf Kosten der Nachbarländer betreibt. Beispielsweise könnten die österreichischen oder italienischen Regulierungsbehörden ihre Banken veranlassen, weniger Kredite nach Osteuropa zu vergeben, und damit dort für erhebliche Probleme sorgen. Eine Regulierung sollte über die engen nationalen Interessen hinausgehen, doch nur eine Krise schafft dafür den erforderlichen politischen Willen. Diese Krise braut sich derzeit zusammen. Ihr Ausgang ist ungewiss, aber angesichts der erwiesenen Vorteile einer gemeinsamen Währung kann man erwarten, dass der Euro und seine Institutionen gestärkt daraus hervorgehen. Wahrscheinlich wird die Europäische Zentralbank mehr Regulierungsbefugnisse im Bankensystem und mehr Unterstützung von den Finanzministerien der Mitgliedsländer erhalten.

Die Bush-Administration tat sich damit hervor, einen Keil zwischen das »alte Europa« und das »neue Europa« zu treiben. Man kann nur hoffen, dass die Obama-Administration einen konstruktiveren Kurs verfolgen wird. Die Welt braucht dringend ein geeintes Europa, sowohl in politischer als auch in finanzieller Hinsicht.

3.9 Die übrigen Länder

Einige wenige Länder wie Brasilien oder China sind einigermaßen gut aufgestellt, um aus eigener Kraft und mit geringer Unterstützung der Internationalen Finanzinstitutionen antizyklische Maßnahmen zu ergreifen. Doch die meisten anderen Entwicklungs- und Schwellenländer sind auf die Initiativen angewiesen, die im vorangegangenen Kapitel dargestellt wurden. Bleibt eine radikale internationale Initiative aus, droht ihnen eine düstere Zukunft. In Ländern wie Pakistan, Ägypten, Marokko und Haiti ist es aufgrund der hohen Lebensmittelpreise bereits zu Unruhen gekommen. Andere

Länder wie Südafrika oder die Türkei haben mit Stromausfällen zu kämpfen. Mexiko hat aufgrund des Drogenhandels ein gravierendes Sicherheitsproblem. Wenn sich die wirtschaftliche Situation verschlechtert, steigt die Wahrscheinlichkeit ziviler Unruhen.

Der Zusammenbruch des Kreditwesens im globalen Finanzsystem hat auf die Länder der Peripherie noch verheerendere Auswirkungen als auf die Länder im Zentrum. Kreditlinien wurden zurückgenommen, auslaufende Kredite können nicht umgeschuldet werden, und die Handelskredite sind versiegt. Hoffentlich erkennen die Regierungen der Industrieländer, dass es in ihrem eigenen Interesse liegt, den Entwicklungsländern zu helfen. Das SZR-Programm hat den Vorteil, dass es den Geberländern keine direkten Kosten auferlegt. Sie müssen nur für die Schaffung von Sonderziehungsrechten stimmen und den Nutzen an die weniger entwickelten Länder weitergeben. Ich hoffe, sie zeigen sich der Situation gewachsen.

Kapitel 4

Das Schicksal des neuen Paradigmas

Seit Erscheinen von *Das Ende der Finanzmärkte – und deren Zukunft* sind wir Zeugen eines bemerkenswerten historischen Ereignisses geworden. Eine mächtige, umfassende Struktur, die wir als selbstverständlich erachteten – das globale Finanzsystem – ist zusammengebrochen. Das ist eine schockierende Erfahrung vor allem für die Menschen, die so etwas noch nie erlebt haben. Und das trifft für die meisten Menschen in den USA zu. Ich war in gewisser Weise besser vorbereitet, weil ich das zweifelhafte Privileg hatte, in meiner Jugend als Jude die Besatzung Budapests durch die Nazis mitzuerleben. Dadurch entwickelte ich einen theoretischen Rahmen, der auch beim Verständnis der aktuellen Situation nützlich ist. Dieser Rahmen befasst sich mit einem viel allgemeineren Gegenstand als dem Finanzmarkt, nämlich der reziproken, flexiblen Beziehung zwischen dem Denken der Beteiligten und der Situation, an der sie teilhaben – doch die Finanzmärkte bieten ein ausgezeichnetes Experimentierfeld, um das Thema zu studieren und meine Theorien zu erproben. Ursprünglich schrieb ich mein letztes Buch sogar, weil ich dachte, die sich entwickelnde Finanzkrise wäre eine hervorragende Gelegenheit, die Gültigkeit und Bedeutung meiner Theorie zu bestätigen, die sich darauf stützt, dass Fehlannahmen und Fehlinterpretationen großen Einfluss darauf haben, welchen Lauf die Geschichte nimmt. Und tatsächlich findet man kaum eine überzeugendere Bestätigung als den Crash 2008.

Mein Buch bietet einige wertvolle Erkenntnisse – von denen besonders die Hypothese von der Superblase hervorzuheben ist –, um die aktuellen Ereignisse zu erklären und das Kommende vorauszuahnen. Allerdings erfuhr die Reflexivitätstheorie nicht die Aufmerksamkeit, die sie meiner Meinung nach verdient. Der Begriff »Reflexivität« wird häufig verwendet, doch die Implikationen des Konzepts wurden nicht untersucht, und auch seine Bedeutung wurde nicht richtig verstanden. Tatsächlich kann man Reflexivität nicht als »das neue Paradigma« bezeichnen, denn um als Paradigma durchzugehen, müsste die Reflexivität als Grundlagentheorie in der Forschung breite Anwendung finden. Das ist jedoch nicht geschehen.

Die vorherrschende Interpretation der Finanzmärkte – die Effizienzmarkthypothese (EMH) – wurde durch den Crash von 2008 vollkommen diskreditiert. Die aktuelle Finanzkrise wurde nicht von einem exogenen Faktor – etwa der Bildung oder Auflösung eines Ölkartells – ausgelöst, sondern durch das Finanzsystem selbst. Das straft die Behauptung Lügen, dass Finanzmärkte zum Gleichgewicht tendieren und

Abweichungen durch Erschütterungen von außen hervorgerufen werden. Und doch wurde die Effizienzmarkttheorie nicht durch die von mir vorgeschlagene alternative Theorie zur Funktionsweise der Märkte – die Theorie der Reflexivität – ersetzt. Meine Theorie wurde von den Ökonomen noch nicht einmal ernsthaft in Erwägung gezogen.

Wenn ich nach dem Grund frage, bekomme ich unterschiedliche Antworten. Eine lautet, dass meine Theorie der Reflexivität lediglich das Offensichtliche postuliert, nämlich dass Marktpreise die Fehlwahrnehmungen der Marktteilnehmer widerspiegeln. Das ist eine offensichtliche Falschinterpretation meiner Theorie, die besagt, dass eine Fehlbewertung auf den Finanzmärkten unter bestimmten Bedingungen und auf bestimmte Weise die Fundamentaldaten beeinflussen kann, die die Marktpreise eigentlich widerspiegeln sollen. Andere Experten meinen, meine Theorie der Finanzblasen sei bereits Teil bestehender Modelle.

Diejenigen, die meinen Ansichten wohlwollend gegenüberstehen, erklären mir, dass meine Theorie nicht mehr Beachtung erhält, weil sie nicht formalisiert und als Modell dargestellt werden kann. Aber genau auf diesen Punkt will ich hinaus: Die Reflexivität lässt Ungewissheiten entstehen, die nicht messbar sind, und Wahrscheinlichkeiten, die nicht berechnet werden können. Frank Knight stellte dies schon vor einem Jahrhundert in seiner Dissertation *Risk, Uncertainty And Profit* fest, und John Maynard Keynes erkannte es auch. Dennoch verlassen sich Marktteilnehmer, Ratingagenturen und Aufsichtsbehörden heutzutage darauf, Risiken anhand quantitativer Modelle zu berechnen.

Ich stelle mir nun die Frage, ob es möglich ist, die Reflexivität als Modell darzustellen, oder ob man weiterhin quantitative Modelle verwenden, dabei jedoch die Reflexivität berücksichtigen sollte, indem man einen Spielraum für Fehler aufgrund unberechenbarer Ungewissheiten hinzufügt. Ich habe den Verdacht, dass wir beides tun müssen. Reflexivität kann nicht abstrakt als Modell dargestellt werden, aber es sollte möglich sein, spezifische Fälle darzustellen, etwa die Auswirkungen der Kreditvergabe-Bereitschaft auf die Immobilienpreise. Gleichzeitig können quantitative Modelle bei der Berechnung der Risiken nützlich sein, die bei einem nahezu perfekten Gleichgewicht vorherrschen, wobei man besonders im Hinblick auf eine Regulierung immer daran denken sollte, dass sich die Bedingungen gelegentlich recht weit vom Gleichgewicht entfernen. Diese Fragen sollten unbedingt näher untersucht werden.

Wenn überhaupt zurzeit ein neues Paradigma entsteht, um zu erklären, wie die Märkte funktionieren, dann beruht es auf der Verhaltensökonomik und der Theorie evolutionärer Systeme. Ich habe deren Entwicklung mit großem Interesse verfolgt und weiß ihre Vorzüge zu schätzen; dennoch befürchte ich, dass sie einige wichtige Erkenntnisse außer Acht lassen. Wenn diese Ansätze zur neuen Lehrmeinung würden, wäre das meiner Meinung nach eher hinderlich für das richtige Verständnis der Finanzmärkte. Die Gründe dafür möchte ich kurz ausführen.

Die Verhaltensökonomik erforscht die Launen des menschlichen Verhaltens und dessen Auswirkungen auf das Marktverhalten. Sie hat anhand von Experimenten mehrere

Abweichungen vom rationalen Verhalten gezeigt, und zwar in Form spezifischer Voreingenommenheiten im Verhalten, die charakteristisch für die Entscheidungsfindung unter ungewissen Bedingungen sind und sich nachteilig auf die ureigenen ökonomischen Interessen des Handelnden auswirken. Das hat die Annahme des rationalen Verhaltens und die Effizienzmarkthypothese in Frage gestellt. Die Anhänger der Effizienzmarkthypothese haben reagiert und zugegeben, dass es diese Unzulänglichkeiten gibt, behaupten jedoch, diese könnten durch Arbitrage beseitigt werden.

Diese Behauptung liefert die Rechtfertigung für so genannte »marktneutrale« Hedge-Fonds, die angeblich hohe Gewinne machen, indem sie Arbitragemöglichkeiten mit großem Hebel ausnutzen. Das berühmteste Beispiel ist der Fonds Long Term Capital Management (LTCM), der 1998 implodierte und die Finanzmärkte beinahe mit in den Abgrund gerissen hätte. Die Verhaltensökonomik bietet keine Erklärung für den Zusammenbruch von LTCM. Genauer gesagt, lautet ihre implizite Erklärung, dass sich die Dynamik der verhaltensbedingten Abweichungen in diesem Fall als stärker erwiesen hat als die Fähigkeit von LTCM, sich ihr zu widersetzen. Das ist weit weniger befriedigend als das Konzept der sich selbst verstärkenden Voreingenommenheiten oder Blasen, das ich vertrete.

So ist der Vorwurf, der gegen die Reflexivitätstheorie erhoben wird – sie lege lediglich die offensichtliche Tatsache dar, dass die menschliche Psychologie die Marktpreise beeinflusst –, eher bei der Verhaltensökonomik gerechtfertigt. Wenn die Verhaltensökonomik zum neuen Paradigma würde, ginge die Erkenntnis verloren, dass Fehlannahmen die Fundamentalwerte beeinflussen können und dass die Finanzmärkte bei Weitem keine rein passive Spiegelung der zugrunde liegenden Bedingungen sind, sondern eine aktive Kraft darstellen, die den Lauf der Geschichte verändern kann.

Märkte zwingen Manager und sogar Regierungen häufig dazu, in bestimmter Weise zu handeln und so auf ihre Belange einzugehen. Selbst bei der Untersuchung der menschlichen Psychologie ist die Verhaltensökonomik simpler als meine Theorie: Sie untersucht lediglich Verhaltenstendenzen, keine grundlegenden Fehlannahmen wie den Marktfundamentalismus. Sie ist auch schlichter als die Effizienzmarkthypothese, da sie überhaupt keine umfassende Hypothese formuliert.

Im Gegensatz dazu formuliert die Theorie evolutionärer Systeme eine umfassende Hypothese. Andrew W. Lo vom MIT hat seinen Ansatz als Adaptive Markets Hypothesis (AMH) – die Hypothese der anpassungsfähigen Märkte – formuliert. Doch er ist nicht der einzige; das Santa Fe Institute verfolgt den gleichen Ansatz. Es ist geradezu modern geworden, Charles Darwins Konzept des »Survival of the Fittest« auf so viele Bereiche wie möglich zu übertragen.

Die Hypothese der anpassungsfähigen Märkte betrachtet die Finanzmärkte als ein Ökosystem, in dem die Beteiligten mit Hilfe verschiedener Strategien darum konkurrieren, die Überlebensrate ihres genetischen Materials, in diesem Fall ihrer Profite, zu maximieren. Sie überwindet die Beschränkungen der Effizienzmarkthypothese, indem sie jede Strategie zulässt, solange diese dem Überleben dient.

Die Hypothese der anpassungsfähigen Märkte hat den großen Vorzug, dass sie sich als Modell darstellen lässt und die Modelle dynamisch sind: Sowohl die Strategien als auch ihre Verbreitung entwickeln sich iterativ. Der Begriff des Gleichgewichts kann durch ein Modell der wechselseitigen Interaktion ersetzt werden, das dem Reflexivitätsmodell ähnelt. Diese Modellierungstechnik wurde bei der Beobachtung der wechselseitigen Beziehung zwischen Raub- und Beutetierbestand entwickelt und funktioniert dort sehr gut. Seitdem wurden derartige adaptive Modelle nicht nur auf die Finanzmärkte, sondern viele weitere Bereiche übertragen, darunter auch auf die Religionswissenschaft.

Die Hypothese der anpassungsfähigen Märkte ist natürlich eng verwandt mit der Reflexivitätstheorie. Ich bin von ihr fasziniert und hoffe, dass sie eine Möglichkeit bietet, Reflexivität als Modell darzustellen – denn das scheint der Hauptgrund zu sein, warum mein theoretisches Konzept nicht ernst genommen wird. Andererseits fürchte ich die Hypothese auch. Ich habe Angst, dass meine Erkenntnisse bei der Anpassung an ein Modell verzerrt werden. Diese Angst sollte ich vielleicht etwas genauer erklären.

Im Mittelpunkt meiner Weltsicht steht die Vorstellung, dass menschliche Belange – Ereignisse mit denkenden Beteiligten – eine grundlegend andere Struktur aufweisen als natürliche Abläufe. Die natürlichen Abläufe entwickeln sich unbehelligt vom menschlichen Denken; eine Faktenlage folgt einer anderen in der Kausalkette. Bei menschlichen Belangen ist die Abfolge komplizierter. Die Kausalkette führt nicht von einer Faktenlage zur nächsten, sondern verbindet die Situation und das Denken der Beteiligten in einer wechselseitigen, reflexiven Rückkopplungsschleife.

Da die Wahrnehmung der Beteiligten immer von der tatsächlichen Situation abweicht, führt die Reflexivität ein Element der Unbestimmtheit in den Gang der Ereignisse ein, das bei natürlichen Abläufen fehlt. Ich fürchte, dass diese Idee bei der Hypothese der anpassungsfähigen Märkte verloren gehen könnte, weil die Theorie evolutionärer Systeme nicht zwischen sozialen und natürlichen Abläufen unterscheidet. Sie beschäftigt sich mit der Entwicklung von Populationen, unabhängig davon, ob diese aus Mikroben oder Marktteilnehmern bestehen.

Um es noch deutlicher zu sagen: Ich unterscheide zwischen Maschinen wie Automobilen und Kraftwerken auf der einen Seite und sozialen Institutionen wie Staaten, Märkten oder der Ehe auf der anderen Seite. Ich behaupte, dass Maschinen gut gebaut sein müssen, um zu »überleben«, das heißt, sie müssen die Aufgabe erfüllen, für die sie konstruiert wurden. Bei sozialen Institutionen ist das anders: Sie erfüllen unter Umständen nicht ihre Aufgabe, überleben aber trotzdem auf unbegrenzte Zeit. Anders ausgedrückt, sind Märkte manchmal wenig anpassungsfähig. Und diesen Unterschied erkennt die Hypothese der anpassungsfähigen Märkte nicht.

Das Konzept der anpassungsfähigen Systeme hat etwas Verdächtiges an sich, egal, ob wir über Märkte, Regierungen oder Religionen sprechen. Das Konzept kann alles rechtfertigen, was vorherrscht, und zwar nur aus dem einzigen Grund, dass es vorherrscht. Damit bleibt die wichtigste Lektion unbeachtet, die wir aus dem Crash von 2008 lernen sollten. Ein ungeheuer beeindruckendes und stattliches Gebäude, das internationale Finanzsystem, ist nicht durch Einwirkungen von außen zusammengebrochen, sondern weil es schlecht durchdacht war. Wie war das möglich?

Es muss einen Unterschied geben zwischen sozialen Konstruktionen wie dem Bankensystem und physischen Konstruktionen wie den an griechische Tempel erinnernden Gebäuden, in denen die Banken früher untergebracht waren. Die Marktteilnehmer einschließlich der Aufsichtsbehörden bezahlten beim Crash von 2008 einen hohen Preis für diese Erkenntnis; die gesamte Weltwirtschaft ist durch ihre Konsequenzen ins Taumeln geraten. Mein theoretischer Rahmen bezeichnet den Unterschied zwischen mechanischen und sozialen Konstruktionen mit dem Begriff der Reflexivität. Die Hypothese der anpassungsfähigen Märkte erkennt diesen Unterschied nicht an und führt damit den grundlegenden Fehler der Effizienzmarkthypothese fort.

Wie konnte die Wirtschaftswissenschaft zwei Hypothesen hervorbringen, die an ein und demselben Fehler kranken? Die Erklärung liegt darin, dass sowohl die Effizienzmarkthypothese als auch die Hypothese der anpassungsfähigen Märkte mit dem Mittel der Analogie arbeiten und einen Ansatz auf den gesellschaftlichen Bereich übertragen, der in einem anderen Bereich erfolgreich war – die Effizienzmarkthypothese stützt sich auf die Newton'sche Physik, die Hypothese der anpassungsfähigen Märkte auf die Evolutionsbiologie. In diesem Zusammenhang würde ich gern auf mein Postulat der radikalen Fehlbarkeit verweisen: Sobald wir nützliches Wissen erwerben, neigen wir dazu, dieses auf Gebiete auszudehnen, für die es nicht anwendbar ist.

Ich dagegen beginne mit der Beziehung zwischen Denken und Realität. So komme ich zum Konzept der Reflexivität, das dann auf das Studium der Finanzmärkte angewendet werden kann. Ich behaupte, dass mein Ansatz bessere Ergebnisse hervorbringt als die Effizienzmarkthypothese oder die Hypothese der anpassungsfähigen Märkte, und lehne jeden Versuch ab, meine Schlussfolgerungen mit einer der beiden Hypothesen in Einklang zu bringen. Da die Effizienzmarkthypothese mittlerweile komplett diskreditiert wurde, sorge ich mich mehr darum, dass meine Theorie nun von der Hypothese der anpassungsfähigen Märkte überschattet wird, die auf dem aufsteigenden Ast ist.

Ich verstehe die Motivation hinter der Hypothese der anpassungsfähigen Märkte: Es ist der Wunsch, den wissenschaftlichen Status der Wirtschaftswissenschaften zu verteidigen. Meiner Ansicht nach ist dieses Ansinnen jedoch deplatziert, das Produkt dessen, was man im Freud'schen Sinn als »Physikneid« der Ökonomen bezeichnen könnte. Ich behaupte, dass die Gesellschafts- und Naturwissenschaften unterschiedliche Aufgaben haben und daher unterschiedliche Ansätze erfordern.

Hier ist wohl ein Warnhinweis zu meiner eigenen Argumentationslinie angebracht. Mich stört die scharfe Trennlinie, die ich zwischen menschlichen Belangen und natürlichen Abläufen gezogen habe. Derart scharfe Trennungen sind in der Natur eigentlich nicht zu finden, allerdings sind sie charakteristisch für das menschliche Bestreben, eine unendlich komplizierte Realität zu erklären. Das steht auch im Einklang mit meinem Postulat der radikalen Fehlbarkeit.

Trotzdem möchte ich die Verbindung zwischen der Theorie evolutionärer Systeme und der Reflexivitätstheorie unbedingt besser verstehen. Ich habe die Frage im Santa Fe Institute gestellt, das sich dem Studium der Komplexität verschrieben hat, aber noch keine Antwort erhalten. Das ist eine weitere Frage, von der ich mir wünschen würde, dass auch andere darüber nachdenken.

Ich gebe durchaus zu, dass die Reflexivitätstheorie nicht den derzeit akzeptierten Standards für wissenschaftliche Theorien entspricht. Daher habe ich mein erstes Buch zu diesem Thema *Die Alchemie der Finanzen* genannt. Ich behaupte jedoch, dass wir entweder die Standards ändern oder die Finanzmärkte auf eine nicht wissenschaftliche Weise untersuchen müssen, was sich jedoch als schwierig erweisen könnte, da es mit einem Statusverlust für die Wirtschaftswissenschaftler verbunden wäre.

Vielleicht würde das neue Paradigma auf breitere Zustimmung stoßen, wenn man es nicht als wissenschaftliches, sondern als philosophisches Paradigma bezeichnen würde. Die Philosophie genoss früher einen hohen Stellenwert, bevor die wissenschaftliche Methode an ihre Stelle trat. Die wissenschaftliche Methode hat beim Studium der Natur wahre Wunder bewirkt, war jedoch im menschlichen Bereich weniger erfolgreich. Das hat mich dazu gebracht, Karl Poppers Doktrin von der Einheit der wissenschaftlichen Methode anzuzweifeln.

Es wäre vielleicht angebracht, der Philosophie wieder ihren früheren Stellenwert einzuräumen. Mein theoretischer

Rahmen könnte als neues philosophisches Paradigma dienen, um menschliche Belange im Allgemeinen und Finanzmärkte im Besonderen besser zu verstehen. Dabei interessieren mich die philosophischen Aspekte mehr als die finanziellen, allerdings wäre es unaufrichtig von mir, letztere herunterzuspielen. Zu beiden Themen gibt es noch viel zu sagen. Ich muss hier abbrechen, doch denke ich nicht, dass dies das Ende der Diskussion ist.

Anhang

Aussage vor dem Handelsausschuss des US-Senats bei einer Anhörung zum Thema verstärkte Regulierung bei Ölmarktmanipulationen durch die FTC*

Dienstag, 3. Juni 2008

Frau Vorsitzende, werte Ausschussmitglieder, ich fühle mich durch die Einladung geehrt, vor dem Ausschuss auszusagen. Wenn ich Sie richtig verstehe, suchen Sie nach einer Erklärung für den kürzlich erfolgten starken Anstieg auf dem Öl-Futures-Markt und bei den Benzinpreisen. Vor allem möchten Sie wissen, ob es sich bei dem Anstieg um eine Preisblase handelt und, wenn ja, ob eine verstärkte Regulierung die schädlichen Auswirkungen verringern könnte.

---

* FTC: Federal Trade Commission, »Bundeshandelskommission«. US-Behörde, die für Verbraucherschutz und Kartellkontrolle zuständig ist.

Bevor ich versuche, diese Fragen zu beantworten, möchte ich betonen, dass ich kein Experte für den Ölmarkt bin. Allerdings beschäftige ich mich schon fast mein ganzes Leben lang mit Spekulationsblasen. Daher möchte ich meine Theorie zu Spekulationsblasen kurz vorstellen – die der gängigen Lehrmeinung widerspricht – und dann auf die aktuelle Situation am Ölmarkt eingehen. Ich werde mich auf Finanzinstitute konzentrieren, die in Rohstoffindizes als Anlagekategorie investieren, weil das ein relativ junges Phänomen ist und am Futures-Markt mittlerweile das größte aller Probleme darstellt.

Nach meiner Theorie besitzt jede Spekulationsblase zwei Komponenten: einen Trend, der auf der Realität basiert, und eine Fehlannahme oder Fehlinterpretation dieses Trends. Normalerweise werden Fehlannahmen vom Finanzmarkt gut korrigiert. Aber gelegentlich können Fehlannahmen zur Bildung von Spekulationsblasen führen, weil sie den vorherrschenden Trend verstärken und dadurch auch die Fehlannahme. Das geht so lange, bis die Kluft zwischen Realität und der Marktinterpretation der Realität nicht mehr tragbar ist. Die Fehlannahme wird als Fehlannahme erkannt, die Desillusionierung setzt ein, und der Trend kehrt sich um. Der Wert der Sicherheiten sinkt, was zu Nachschussforderungen führt, und die folgenden Notverkäufe verursachen einen Ausschlag in die entgegengesetzte Richtung. Der Abschwung ist im Allgemeinen kürzer und heftiger als der vorangegangene Boom.

Diese Abfolge widerspricht der vorherrschenden Finanzmarkttheorie, die auf dem Glauben gründet, dass Märkte immer richtig liegen und Abweichungen vom Gleichgewicht nur zufällig auftreten. Die verschiedenen synthetischen Finanzinstrumente wie CDO (Collateralized Debt Obligations, forderungsbesicherte Schuldverschreibungen) und CLO (Collateralized Loan Obligations, Untergruppe der CDO, wird durch Unternehmenskredite gesichert), die eine so wichtige Rolle dabei spielten, dass sich die Subprime-Krise zu einer viel größeren Finanzkrise ausweitete, sind Produkte dieser Überzeugungen. Doch die vorherrschende Theorie ist falsch. Abweichungen können sich selbst verstärken. Wir erleben derzeit das Platzen einer Immobilienblase und einen gleichzeitigen Anstieg des Ölpreises und anderer Rohstoffe. Auch diese Preisentwicklung trägt einige Kennzeichen einer Spekulationsblase. Meiner Meinung nach sind die beiden Phänomene im Rahmen einer Superblase miteinander verknüpft, die sich in den vergangenen 25 Jahren gebildet hat. Die Fehlannahme bei dieser Superblase besteht darin, dass Märkte zum Gleichgewicht tendieren und Abweichungen zufällig geschehen.

So viel zu den Spekulationsblasen im Allgemeinen. In Hinblick auf den Ölpreis sind meiner Ansicht nach vier Faktoren zugange, die sich gegenseitig verstärken.

Erstens: die zunehmenden Kosten bei der Entdeckung und Erschließung neuer Ölfelder und die immer schnellere Erschöpfung bestehender Reserven. Das etwas irreführende Schlagwort für diese Entwicklung lautet »globales Ölfördermaximum«.

Zweitens könnte man von einer rückläufigen Angebotskurve sprechen. Bei steigenden Ölpreisen ist der Anreiz für die Ölförderländer geringer, ihre Ölreserven unter der Erde, von denen sie erwarten, dass ihr Wert noch weiter steigt, in Dollar-Reserven über der Erde umzuwandeln, deren Wert abnimmt. Außerdem erlaubt es der hohe Ölpreis politischen Regimen, die ineffizient sind und dem Westen feindlich gegenüberstehen, sich an der Macht zu halten, insbesondere der Iran, Venezuela und Russland. Die Ölförderung in diesen Ländern geht zurück.

Drittens halten die Länder mit der am schnellsten steigenden Nachfrage, vor allem die wichtigsten Ölproduzenten, aber auch China und andere asiatische Exportländer, die Energiepreise im eigenen Land durch Subventionen künstlich niedrig. Daher wirken sich die steigenden Preise nicht wie sonst üblich negativ auf die Nachfrage aus.

Viertens drücken sowohl die trendfolgenden Spekulationen als auch Indexkäufe bei Rohstoffen die Preise nach oben. Rohstoffe sind mittlerweile zu einer Anlageklasse für institutionelle Anleger geworden, die mit ihren Indexstrategien den Kapitalzufluss in diesem Bereich zusätzlich verstärken. In letzter Zeit stiegen die Tageskurse weit über die Grenzkosten bei der Produktion, und die Kurse der Terminkontrakte mit späterer Fälligkeit sind viel schneller gestiegen als die Tageskurse. Die Kursverläufe bilden eine Parabel, was typisch ist für eine entstehende Spekulationsblase.

Haben wir es also mit einer Spekulationsblase zu tun? Die Antwort lautet, dass tatsächlich eine Blase über einem sachlich gut begründeten Aufwärtstrend bei den Ölpreisen entstanden ist. Die ersten drei von mir genannten Faktoren sind real und würden auch bestehen, wenn man Spekulationen und Index-Fonds ausschließen könnte. Bei der Diskussion über die Spekulationsblase möchte ich mich auf die institutionellen Anleger bei Rohstoffindizes konzentrieren, weil dieser Aspekt perfekt zu meiner Theorie der Spekulationsblasen passt.

Indexkäufe basieren auf einer Fehlannahme. Rohstoffindizes sind kein produktiver Kapitaleinsatz. Als die Idee aufkam, gab es dafür eine Begründung. Warenterminkontrakte verkauften sich zu einem Abschlag auf den Barwert der Ware, und die Institute konnten zusätzlich Gewinn aus dieser so genannten »Backwardation«* ziehen. Finanzinstitute versorgten damit Produzenten, die ihre Produkte zur Finanzierung der Produktion im Voraus verkauften, indirekt mit Kapital. Das war eine legitime Investitionsmöglichkeit. Doch dann drängten sich in dem Bereich immer mehr Anleger, und die Profitmöglichkeit schwand. Trotzdem zieht der Warenterminmarkt weiterhin zusätzliche Investitionen an, und zwar aus dem einfachen Grund, dass er sich als profitabler als andere Anlagekategorien erwiesen hat. Hier haben wir es mit einem klassischen Beispiel für Fehlannahmen zu tun, die sich in beide Richtungen verstärken.

Die Indexkäufe von Rohstoffen erinnern mich in gespenstischer Weise an den Ansturm auf Portfolioversicherungen, der zum Börsenkrach im Oktober 1987 führte. In beiden Fällen stiegen die institutionellen Anleger nur auf einer Seite des Marktes ein, wobei sie genügend Gewicht hatten, um diesen aus dem Gleichgewicht zu bringen. Wenn sich der Trend umkehrt und alle institutionellen Anleger wie 1987 gleichzeitig aussteigen, wird es einen Crash geben.

---

* Backwardation: Verträge, die ihren Enddatum näher liegen, werden zu höheren Preisen gehandelt als Verträge, die länger liegen.

Verstehen Sie mich nicht falsch, ein Zusammenbruch des Ölmarktes steht nicht unmittelbar bevor. Derzeit droht Gefahr aus einer anderen Richtung. Der Anstieg der Ölpreise erhöht das Risiko einer Rezession. Erst wenn es eine wirkliche Rezession gibt, besteht die Wahrscheinlichkeit, dass ein Rückgang des Konsums in den Industrieländern die anderen von mir genannten Faktoren aufwiegt. Daher sollte man die Indexkäufe von Rohstoffen einschränken, solange sie die Spekulationsblase noch weiter anschwellen lassen.

Auf den ersten Blick spricht vieles dagegen, dass institutionelle Anleger eine Indexstrategie bei Rohstoffen verfolgen sollten. Die Strategie ist intellektuell nicht vertretbar und potenziell destabilisierend, außerdem richten ihre Auswirkungen in der Wirtschaft großen Schaden an.

Wenn es jedoch darum geht, regulierende Maßnahmen zu erlassen, liegt der Fall weniger klar. Regulierungen können unbeabsichtigte, negative Folgen haben. Beispielsweise kann man damit Anleger weiter in unregulierte Märkte treiben, die weniger Transparenz und noch weniger Schutz bieten. Man könnte die institutionellen Anleger vielleicht davon überzeugen, dass sie gegen die »Prudent Man Rule*« verstoßen, wenn sie wie 1987 dem Herdentrieb folgen. Wenn nicht, sollte die Spekulation mit Rohstoffen – nicht jedoch die Investition in rohstoffproduzierende Unternehmen – für Pensionskassen verboten werden. Die verschiedenen Techniken zur Umgehung von Positionsobergrenzen sollten ebenfalls

---

* Die Prudent Man Rule stammt aus Massachusetts, wo sie erstmals 1830 in einem Gerichtsurteil erwähnt wurde. Demnach hat man die Verpflichtung, wenn man das Geld anderer Leute investiert, mit der notwendigen Sorgfalt und Umsicht vorzugehen.

verboten werden, vorausgesetzt, das Verbot kann auf unregulierten wie regulierten Märkten gelten.

Eine Erhöhung der Einschusspflicht hätte keine Auswirkungen auf die Rohstoffindexstrategie institutioneller Anleger, weil diese bar zahlen. Dennoch hätte sie ihre Berechtigung, weil sie von Spekulationen abhält, und Spekulationen verzerren die Preise. Instrumente wie variierende Einschusspflichten und Mindestreserveanforderungen sollten aktiver angewandt werden, um die Bildung von Spekulationsblasen zu vermeiden. Das ist eine der wichtigsten Lehren, wie wir aus der aktuellen Finanzkrise ziehen können.

Schließlich sollte uns die Spekulationsblase nicht von Problemen wie der Klimaerwärmung, Energiesicherheit und dem globalen Ölfördermaximum ablenken. Sie gehen zwar über das Thema dieser Anhörung hinaus, es sind jedoch drängende Probleme, um die man sich umgehend kümmern muss.

Ich hoffe, meine Bemerkungen waren hilfreich für Ihre Entscheidungsfindung. Vielen Dank.

Kein Blankoscheck für Paulson

Veröffentlicht in der *Financial Times* vom 24. September 2008.

Das 700-Milliarden-Dollar-Rettungspaket von US-Finanzminister Henry Paulson ist auf dem Capitol Hill auf Widerstand gestoßen. Zu Recht, denn es ist unausgegoren.

Der Kongress würde sich seiner Verantwortung entziehen, wenn er dem Finanzminister einen Blankoscheck ausstellte. Der dem Kongress vorgelegte Entwurf enthielt sogar Passagen, wonach die Entscheidungen des Finanzministers von der Überprüfung durch Gerichte oder Verwaltungsbehörden ausgenommen werden sollten – damit wäre der Traum der Bush-Administration von einer ungeteilten Exekutivgewalt Wirklichkeit geworden.

Paulsons bisherige Bilanz ist nicht so glanzvoll, dass man ihm ohne weiteres 700 Milliarden Dollar anvertrauen sollte. Seine Aktionen von letzter Woche setzten die Krise erst in Gang und machen nun eine Rettung erforderlich. Am Montag ließ er Lehman Brothers pleite gehen und weigerte sich, staatliche Mittel zur Rettung des Versicherungsunternehmens AIG zur Verfügung zu stellen. Am Dienstag musste er zurückrudern und AIG einen 85-Milliarden-Dollar-Kredit zu sehr strikten Konditionen gewähren. Der Konkurs von Lehman zerstörte den Geldmarkt. Ein großer Geldmarktfonds konnte die Rücknahme seiner Anteile zum Nennwert nicht mehr garantieren, und die von Geldmarktpapieren abhängigen Investmentbanken hatten Schwierigkeiten, ihre Geschäfte zu finanzieren. Bis zum Donnerstag war der Ansturm auf Geldmarktfonds in vollem Gange. Wir kamen einem Zusammenbruch des Systems so nahe wie seit den 1930er-Jahren nicht mehr. Paulson machte erneut eine Kehrtwende und schlug eine systemische Rettungsaktion vor.

Der Kongress hatte Paulson schon einmal einen Blankoscheck ausgestellt. Damals ging es um die Rettung von Fannie Mae und Freddie Mac. Seine Lösung brachte den Immobilienmarkt in eine äußerst prekäre Lage: Die Manager der beiden Unternehmen wussten, dass sie ihre Jobs verlieren würden, wenn die Blankoschecks unterschrieben werden würden, daher nahmen sie Kürzungen vor und machten Hypotheken teurer und schwerer verfügbar. Binnen weniger Wochen erzwang der Markt eine Intervention Paulsons. Beide Unternehmen mussten vom Staat übernommen werden.

Paulsons Vorschlag, notleidende Hypotheken-Wertpapiere aufzukaufen, verkörpert das klassische Problem asymmetrischer Information. Der Wert der Papiere ist schwer einzuschätzen, aber der Verkäufer weiß mehr darüber als der Käufer: Bei einer Auktion würde das Finanzministerium letztlich mit dem Bodensatz dastehen. Außerdem birgt der Vorschlag zahlreiche latente Interessenkonflikte. Das Finanzministerium muss mehr bezahlen, als die Papiere wert sind, sonst bringt der Plan keine Entlastung. Aber wenn der Plan dazu verwendet wird, insolventen Banken aus der Klemme zu helfen, was bekommt dann der Steuerzahler?

Barack Obama hat vier Bedingungen dargelegt, die berücksichtigt werden sollten: Mögliche Gewinne sollen Steuerzahlern zugute kommen, die Überwachung soll ein mit beiden Parteien besetztes Gremium übernehmen, Hausbesitzern und Hypothekenschuldnern soll ebenfalls geholfen werden, und die Bezahlung derjenigen, die vom Geld der Steuerzahler profitieren, soll begrenzt werden. Das sind die richtigen Grundsätze. Sie könnten noch effektiver angewandt werden, wenn man den mit notleidenden Wertpapieren belasteten Instituten direkt Kapital zukommen ließe, anstatt ihnen ihre notleidenden Papiere abzunehmen.

Die staatlichen Finanzspritzen wären viel weniger problematisch, wenn sie dem Eigenkapital zugute kommen würden und nicht den Bilanzen. 700 Milliarden Dollar in Vorzugsaktien könnten ausreichen, um das Loch zu stopfen, das durch das Platzen der Immobilienblase entstanden ist. Im Gegensatz dazu könnten Zugänge in Höhe von 700 Milliarden Dollar auf der Nachfrageseite bei einem Markt von 11.000 Milliarden Dollar womöglich nicht ausreichen, um den Niedergang der Immobilienpreise aufzuhalten.

Auch auf der Angebotsseite muss etwas unternommen werden. Damit die Immobilienpreise nicht ins Bodenlose fallen, muss die Zahl der Zwangsvollstreckungen auf ein Minimum reduziert werden. Die Konditionen für Hypotheken müssen den Möglichkeiten der Eigenheimbesitzer angepasst werden, damit diese ihre Immobilie abzahlen können.

Das wird im Rettungspaket jedoch nicht berücksichtigt. Die nötigen Änderungen vorzunehmen ist eine heikle Aufgabe und wird zusätzlich erschwert durch die Tatsache, dass viele Hypotheken in Tranchen aufgeteilt und zu neuen Paketen in Form der so genannten CDO-Schuldverschreibungen zusammengeschnürt wurden. Die Inhaber der verschiedenen Tranchen haben ganz unterschiedliche Interessen. Es würde zu lange dauern, diese Konflikte auseinanderzudividieren, um entsprechende Modifizierungen für Hypotheken in das Rettungspaket aufzunehmen. Das Paket kann dafür allerdings den Boden bereiten, indem das Insolvenzrecht in Bezug auf Hauptwohnsitze geändert wird.

Nachdem die Krise nun ausgebrochen ist, ist ein großangelegtes Rettungspaket wahrscheinlich unerlässlich, um die

Situation unter Kontrolle zu bringen. Die Wiederherstellung der ausgetrockneten Bilanzen im Bankensektor ist der richtige Weg. Nicht jede Bank verdient es, gerettet zu werden, aber man kann darauf vertrauen, dass die Experten der US-Notenbank bei einer entsprechenden Aufsicht die richtigen Entscheidungen treffen. Manager, die die Konsequenzen vergangener Fehler nicht akzeptieren wollen, könnte man sanktionieren, indem man ihnen den Zugang zu den Kreditmöglichkeiten der US-Notenbank verwehrt. Die Bereitstellung staatlicher Mittel sollte auch den privaten Sektor ermutigen, zu einer Sanierung des Bankensektors beizutragen und die gegenwärtige Finanzkrise zu einem Ende zu bringen.

George Soros ist Vorsitzender von Soros Fund Management. Copyright: The Financial Times Limited 2008.

Die Rekapitalisierung des Bankensystems

Veröffentlicht in der *Financial Times*, 2. Oktober 2008.

Der Vorschlag für ein Rettungspaket, der dem Kongress vorgelegt wurde, war schlecht durchdacht – oder genauer gesagt, überhaupt nicht durchdacht. Als der Kongress versuchte, die Vorschläge des Finanzministeriums zu verbessern, kam eine seltsame Mischung heraus, bestehend aus dem ursprünglichen Rettungspaket des Finanzministeriums und einem ganz anderen Finanzspritzen-Programm, bei dem die Regierung in angeschlagene Banken investiert und diese stabilisiert, um später von der wirtschaftlichen Erholung zu profitieren. Die Finanzspritzen werden den Steuerzahler in den kommenden Jahren weniger kosten und sich eventuell sogar als gewinnbringend erweisen.

Vor zwei Wochen hatte der Finanzminister noch nicht einmal einen Plan – deshalb musste er bei der Verteilung der Hilfen um völlig freie Hand bitten. Der Grundgedanke für das Rettungspaket bestand darin, dem Bankensystem Erleichterung zu verschaffen, indem man den Banken ihre toxischen Wertpapiere abnimmt und diese in einem staatlichen Fonds parkt, damit sie nicht auf dem Markt verschleudert werden müssen. Wenn sich der Wert ihrer Anlagen stabilisiert, wären die Banken dann in der Lage, frisches Eigenkapital aufzunehmen.

Die Idee barg zahlreiche Schwierigkeiten. Die fraglichen toxischen Wertpapiere sind keineswegs homogen, bei jedem Auktionsvorgang würden die Verkäufer ihren Ausschuss wahrscheinlich auf den staatlichen Fonds abwälzen. Darüber hinaus widmet sich der Plan nur der einen Seite des grundlegenden Problems – dem Mangel an verfügbaren Krediten. Für die Eigenheimbesitzer, die wieder in die Lage versetzt werden sollten, ihren Kreditverpflichtungen nachzukommen, tut er kaum etwas, und dem Problem der Zwangsvollstreckungen geht er ganz aus dem Weg. Da die Immobilienpreise noch nicht völlig im Keller sind, werden die Steuerzahler verlieren, wenn die Regierung die Preise für hypothekengestützte Papiere jetzt in die Höhe treibt; wenn die Regierung dagegen nicht zahlt, erhält das Bankensystem kaum Hilfe und kann kein Eigenkapital aus dem privaten Sektor anziehen.

Ein Programm, das der Wall Street so eindeutig den Vorzug gegenüber den normalen Bürgern gab, war politisch inakzeptabel. Der Rettungsplan wurde von den Demokraten dahingehend zurechtgebogen, dass er die Finanzinstitute bestraft, die davon profitieren wollen. Die Republikaner wollten da nicht hintenanstehen und forderten, dass die angebotenen Wertpapiere auf Kosten des betreffenden Instituts gegen Verlust versichert werden sollten. Das daraus hervorgegangene Rettungspaket ist eine bunte Mischung verschiedener Ansätze. Nun besteht die Gefahr, dass das Programm zum Aufkauf von Kapitalanlagen aufgrund der damit verbundenen lästigen Bedingungen nicht voll ausgeschöpft wird.

Ein Rettungspaket war dennoch dringend nötig und könnte trotz seiner Defizite Wirkung zeigen. Noch am 22. September hoffte Finanzminister Paulson, er könne es vermeiden, auf das Geld der Steuerzahler zurückzugreifen, deshalb ließ er Lehman Brothers pleite gehen. Das Rettungspaket signalisiert nun, dass Steuergelder nötig sind und dass, wenn das aktuelle Programm nicht funktioniert, weitere Maßnahmen verabschiedet werden. Wir haben den Rubikon überschritten. Da das Rettungspaket wenig durchdacht war, wird es bei Amerikas Gläubigern wohl auf Ablehnung stoßen. Sie werden darin den Versuch sehen, die Schulden über die Inflation zu bekämpfen. Der Dollar wird daher wahrscheinlich unter erneuten Druck geraten, und der Staat wird für seine Schulden vor allem auf lange Sicht betrachtet mehr bezahlen müssen. Diese negativen Auswirkungen könnten verringert werden, wenn man das Geld der Steuerzahler effektiver einsetzen würde.

Anstatt einfach nur notleidende Anlagen aufzukaufen, sollte man einen Großteil der Mittel zur Rekapitalisierung des Bankensystems nutzen. Finanzspritzen beim Eigenkapital haben im Vergleich zu Finanzspritzen für die Bilanzen mindestens die zwölffache Wirkung – damit hätte die Regierung effektiv 8.400 Milliarden Dollar zur Hand, um den Kreditfluss wieder in Gang zu bringen. In der Praxis wäre die Wirkung noch weitaus größer, weil die staatlichen Finanzspritzen auch privates Kapital anziehen würden. Die Folge wäre eine deutliche wirtschaftliche Erholung und eine Chance für die Steuerzahler, von dieser Erholung zu profitieren.

George Soros ist Vorsitzender von Soros Fund Management.
Copyright: The Financial Times Limited 2008.

Register

R

S

Das Ende der Finanzmärkte und deren Zukunft

George Soros

Investor George Soros ist der Meinung, dass die aktuelle, durch das Platzen der Immobilienblase in den USA ausgelöste Finanzkrise das Ende des Zeitalters der Kreditexpansion markiert. Diese gegenwärtige Krise ist weit gravierender als alle, die seit dem Ende des Zweiten Weltkriegs auftraten. Zwar widersprechen viele Notenbankchefs und Politiker den Thesen des unbequemen Megaspekulanten, doch die jüngsten Ereignisse bestätigen die Erkenntnisse von Soros auf erschreckende Weise. In seinem Buch beschreibt er detailliert die Ursachen des Debakels, die gravierenden Fehler der Banker und warum die Kreditkrise noch lange nicht ausgestanden ist. Aufschlussreich, durchdacht – absolut lesenswert!

174 Seiten | Hardcover | 24,90 € (D) | 25,60 € (A) | sFr. 42,90 | 978-3-89879-413-8
Mehr Informationen zu Investmentthemen finden Sie unter www.portfoliojournal.de

Die Ära der Fehlentscheidungen

George Soros

George Soros rechnet ab: »Das größte Hindernis für eine stabile und gerechte Weltordnung sind die Vereinigten Staaten.« Seiner Meinung nach sind die USA zu einer »Wohlfühlgesellschaft« geworden, die nicht bereit ist, sich mit der unangenehmen Realität auseinanderzusetzen. Solange sich diese Wohlfühlhaltung nicht ändert, sind die USA dazu verurteilt, ihre Vormachtstellung in der Welt zu verlieren. Und das wird nicht nur für die USA selbst, sondern für die ganze Welt schwerwiegende Konsequenzen haben. Denn: Es gibt auf absehbare Zeit keine andere Nation auf der Welt, die den Platz der USA einnehmen könnte.

276 Seiten | Hardcover | 29,90 € (D) | 30,80 € (A) | sFr. 48,90 | 978-3-89879-229-5
Mehr Informationen zu Investmentthemen finden Sie unter www.portfoliojournal.de